Ange
Secrets

JN336152

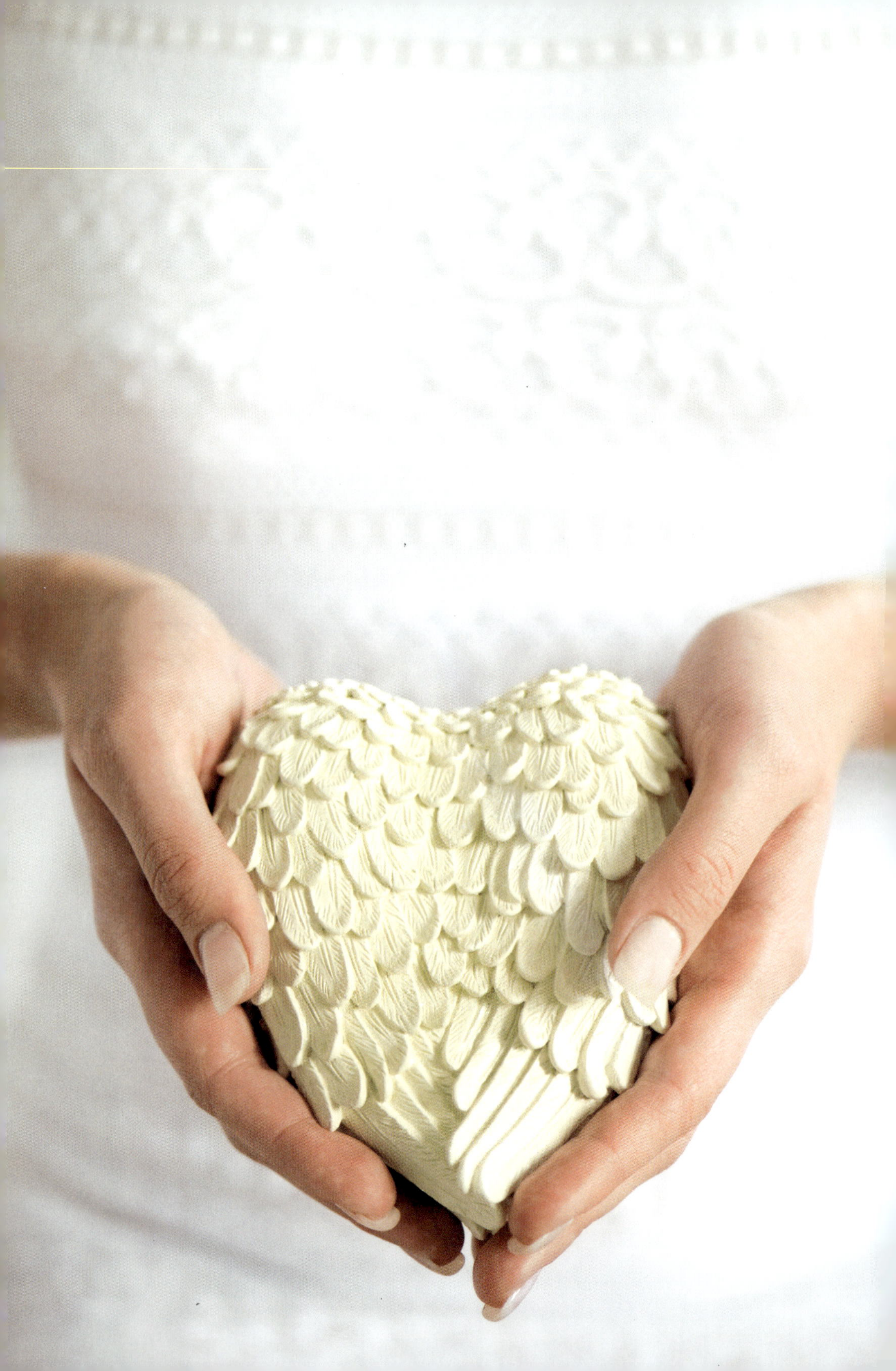

天使の秘密

自分の守護天使に近づく方法
実際にあった話

著者 ジャッキー・ニューコム
エンジェル・レディ

翻訳 服部由美

An Hachette UK Company

First published in Great Britain in 2010 by Godsfield, a division of Octopus Publishing Group Ltd

Copyright © Octopus Publishing Group Ltd 2010
Text copyright © Jacky Newcomb Ltd 2010

All rights reserved. No part of this work may be reproduced or utilized in any form or by any means, electronic or mechanical, including photocopying, recording or by any information storage and retrieval system, without the prior written permission of the publisher.

Jacky Newcomb asserts the moral right to be identified as the author of this work

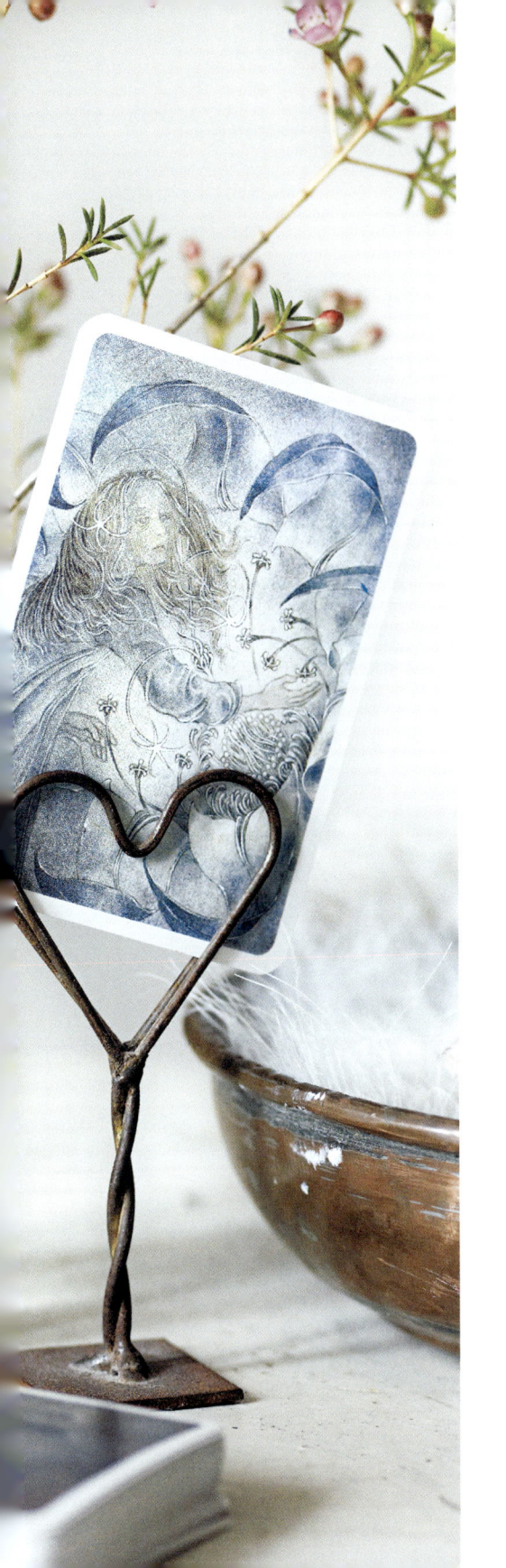

目次

はじめに 6

天使と出会う 12

天使とつながる 42

天使と愛 62

天使とキャリア 76

天使と創造性 92

天使と友情 108

天使とヒーリング 122

天使とお金 142

天使と保護 154

天使と占い 164

日常生活のための天使 180

索引 202

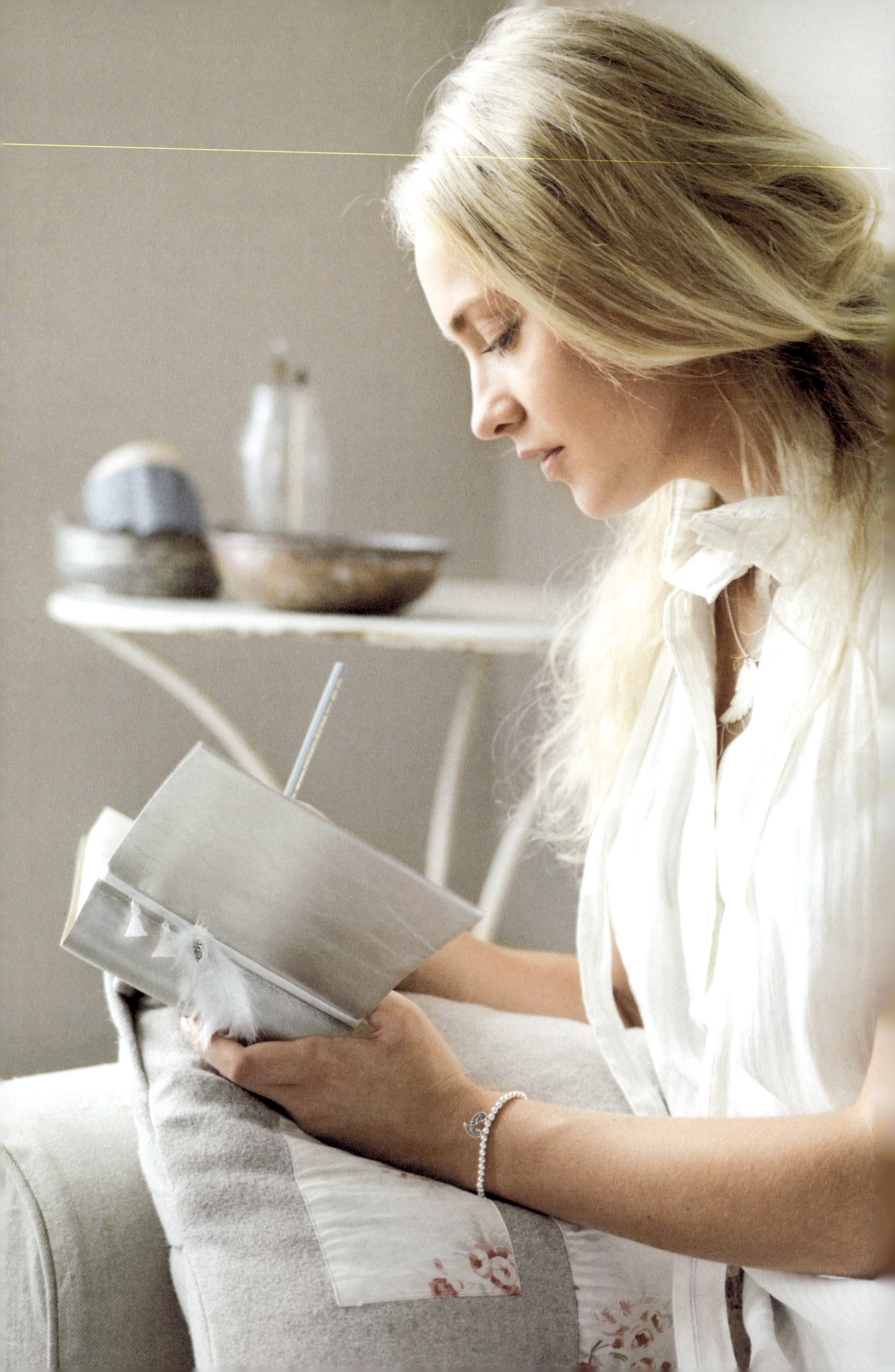

はじめに

　守護天使とつながることをテーマにしたこの本を選んでくださり、感謝します。さあ、私と一緒に天使を探す旅をはじめましょう。
　私は長い間、天使が起こす驚くべき出来事について調べてきました。はじまりは、幼いころの天使との出会いを思い出したことでした。5歳のとき、海で泳いでいて岸に戻れなくなった私を天使が助けてくれたのです。天使をこの目で見たわけではありませんが、天使の声を聞き、その愛情あふれるエネルギーを感じ取りました。あの瞬間、私の人生は永遠に変わりました。
　超常現象について知りたくなり、手に入る情報はすべて読みつくし、インターネットが普及してからは何時間もウェブサイトをさまよったものでした。我が家にはかなり早い時期からパソコンがあり、インターネットが使えたのです。
　天使だけでなく、死者との対話、臨死体験、体外離脱体験、過去世、過去世と現世の間の「中間世」、宇宙人との遭遇、ミステリーサークルなど、たくさんのことを調べました。あらゆるものがつながっていることにはいつも驚かされます。また、学べば学ぶほど人の役に立てることは言うまでもないでしょう。そして、情報を集めることで、ものごとを総合的に理解することができたのです。
　やがて天使という存在に近づくためのさまざまな方法がわかってきました。天使は人とつながりたいと願っています。その出会いをより簡単に、より楽しくする秘訣を見つけた人も数多くいます。本書ではその秘訣を、私自身が見つけたものも含めて、残らず紹介しています。きっとあなたも、天使という友人とつながる方法をたくさん見つけることでしょう。
　私は天使や超常現象についてさまざまな雑誌に寄稿し、テレビにもたびたび出演しています。その結果、みなさんが知りたがっているのは、天使とつながる実際

的な方法だとわかりました。そこで本書では、楽しいアイデアや「天使の秘密」を
たくさん紹介しています。愛情を込めて、残らず試してみてください！

　天使のおかげで、私の人生は神秘的なものとなり、不安や孤独を感じることは少
なくなりました。また、運転中に異次元から聞こえてきた声によって、危機一髪のと
ころを救われたことも幾度もあります。天使を探す旅は、テレビ番組に出演すること
から、心理カウンセラーに天使や死後の世界について伝えることにまでおよんでい
ます。医師や看護師、学校の生徒や著名人にも教えてきました。最近は誰もが天
使に興味を持っているようです。

　11冊目の著書となった本書は、私のお気に入りです。私が読者のために楽しん
で書いたように、読者の方々も楽しんで読んでくれることでしょう。感想はいつでも
大歓迎です。私のウェブサイトwww.AngelLady.co.ukまでどうぞ。Twitterや
Facebookからも連絡が取れます。

　私は天使とつながることが大好きです。あなたもきっとすぐにつながることができる
でしょう。旅の目的地だけでなく、そこまでの旅を楽しむことを忘れないでください。

本書の使い方

　自分の守護天使にすこしでも近づくための楽しい方法をたくさん紹介していま
す。本書はいくつものセクションに分けました。冒頭から順に読み進めても、気に
入ったところを拾い読みしてもかまいません。

　1人で楽しむのも、友人と一緒に「エクササイズ」をやってみるのもよいでしょう。
まずすべて読み終えてから、「天使の秘密」や「エクササイズ」をすこしずつ行うの
もよいでしょう。決まりはありません。好みの方法で取り組んでください。

　ノートを用意して、天使を探す旅を記録していくことをお勧めします。旅の途中で
感じたこと、思いついたこと、体験したことをメモしていきましょう。あとで探しやすい
ように、日付を書き込むことを忘れないでください。メモに見出しをつけたり、大切な
言葉を蛍光ペンで強調したりしておけば、あとで簡単に見つけることができます。

はじめに

実際にあった話

　実際に天使と出会った話を読むのは楽しいものです。本書ではそういった話をたくさん紹介しているため、天使がどのように人とつながるのかがよくわかるでしょう。どれも私が聞かせてもらったすばらしい実話です。

　実際に天使と触れ合う体験はとても感動的なものです。読めば、天使は実在するのだと実感できます。普通の人もよく天使と遭遇しています。しかし、たいていの場合は、こういった実話のようにドラマチックなものではありません。

　生活のなかのかすかなサインを見逃すことなく、天使はできる限りの手段を使って、もっとも必要なときにそこにいてくれることに気づいてください。

天使の秘密

　天使と出会うための秘訣もたくさん紹介しています。何年もの経験を経て学んだ知識もいくつか教えましょう。いちばん面白いと思えるものを試し、おおいに楽しんでください。

アファメーション

　アファメーションとはポジティブなことを言葉にすることです。口に出して言っても、書きとめてもかまいません。紙に書いてポスターにしたり、カードに書いて持ち歩いたり、スクリーンセーバーにしたりしましょう。本書では、この力強いツールを利用して自分の天使やガイドとつながる方法をいくつか紹介しています。

エクササイズ

　少女のころ、私は放課後のフラワーアレンジメントクラブや美術クラブなど、課外活動が大好きでした。「遊びの時間」は人をリラックスさせ、健康にもよいものです。それ以上の理由など要らないでしょう。

　けれども、大人には遊びの時間が足りません。この本ではおおいに遊びましょう。天使も遊びのなかでつながることが大好きです。「創造力」は高次の王国への扉を開ける鍵なのです。

　エクササイズには、何かをつくるもの、行うもの、瞑想のように静かな時間を過ごすものがあります。本書の順番どおりに行っても、好きなものからはじめてもかまいません。

はじめに

人生に天使を招き入れる

　本書があなたの人生に天使を招き入れるきっかけになることを願っています。天使はいつでもあなたのまわりにいます。そのつながりを感じたければ、すこしだけ時間と空間を与えて、かすかなサインに注意するだけでよいのです。人生のあらゆる場面にこの崇高な存在を招き入れましょう。そして、手を貸してください、インスピレーションを与えてください、守ってください、愛する者を見守ってくださいと願うのです。

　どんなことにも専門の天使がいますが、名前を呼ぶ必要はありません。ただ最適な天使を求めるか、その状況にぴったりの天使を送ってくださいと神に頼めばよいのです。

　天使はすべてを肩代わりするのではなく、あなたが自分で困難を切り抜けることを期待しています。天使は力を与えることで、あなたが自分で問題を解決し、その結果、あなたの魂が学び、成長することを望んでいるのです。神の目から見れば、人生で起こることはすべて「経験」であり、よいことでも悪いことでもありません。愛情を持って取り組みさえすれば、正しい道を進んでいけるでしょう。

　本書のアドバイスは、自分の天使を探す旅をはじめるためのヒントにすぎません。天使の儀式を行い、独自のアイデアを出して楽しみ、そうするなかでまわりの人たちにインスピレーションを与えてください。天使の大使になるのです。

　生まれ持った神秘的な才能を生かしてください。自分だけの神秘的な場所を作り、自分だけの天使の儀式を行い、経験したことを人と分かち合いましょう。そして、我が家を天使でいっぱいにし、無条件の愛に満ちた人生を楽しんでください。

天使の恵みがあらんことを

Jacky Newcomb

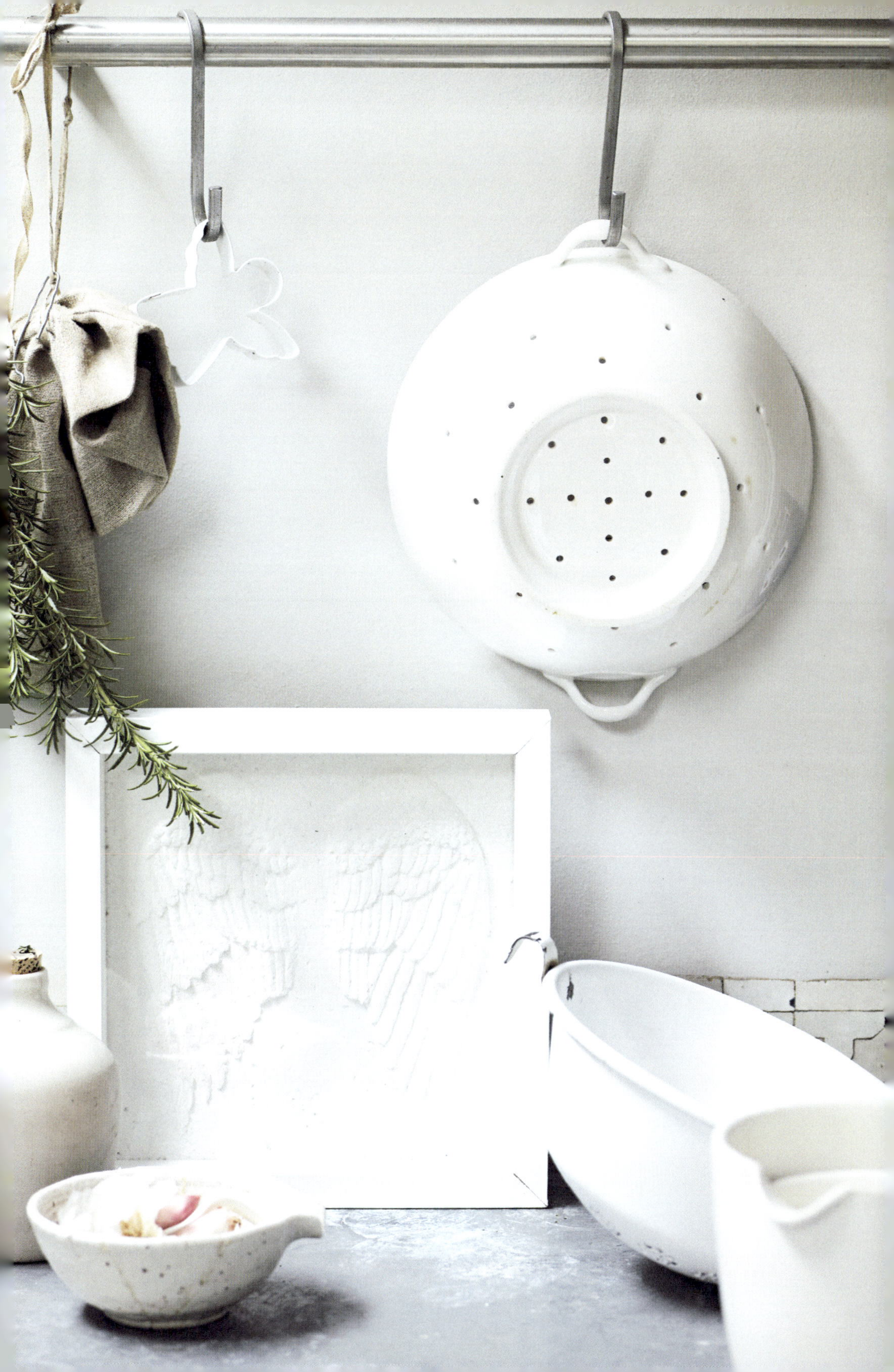

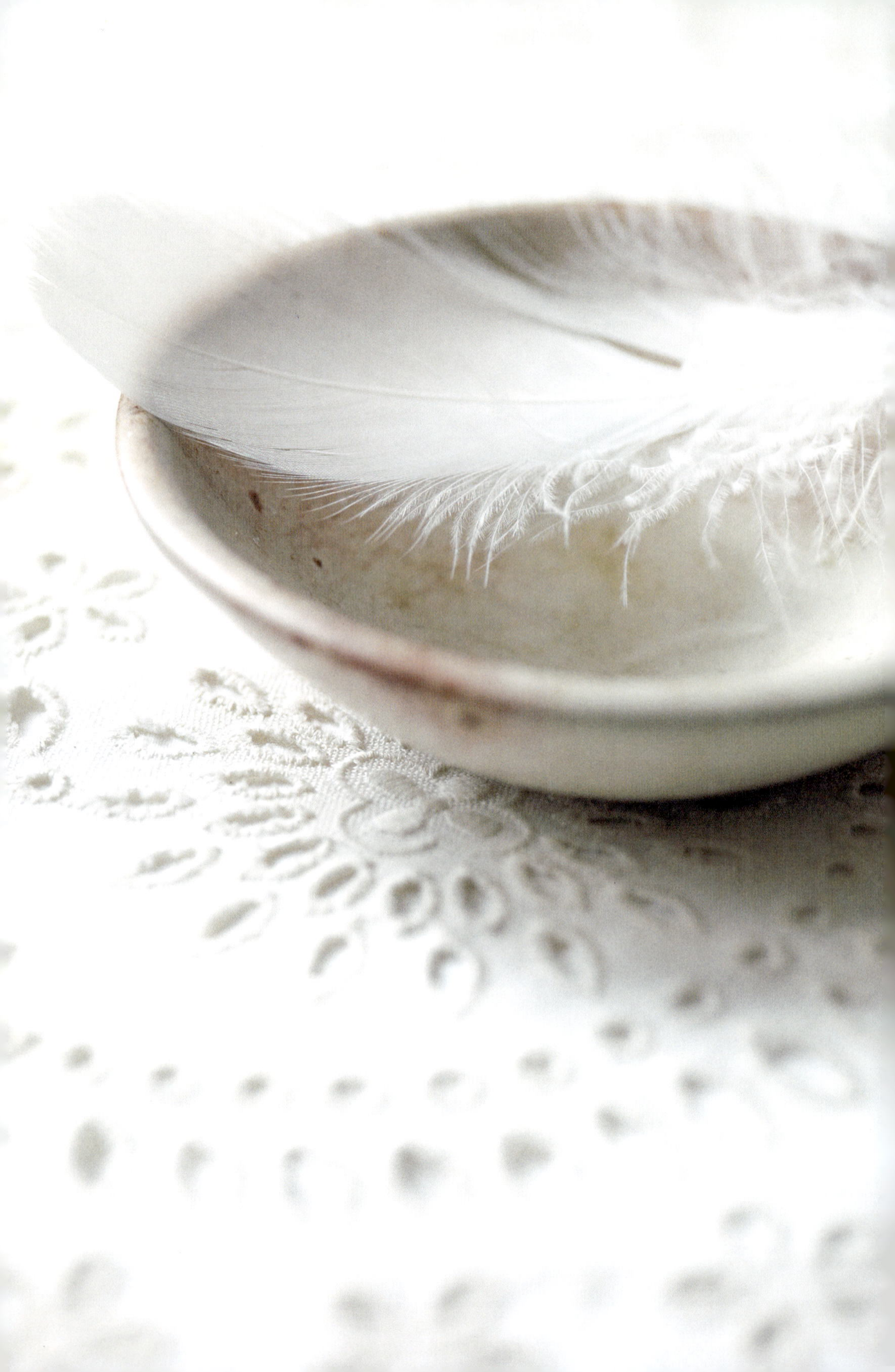

天使と出会う

天使と親しみ、魂で彼らを見なさい。
目には見えなくとも、
天使はあなたと共にある。

聖フランシスコ・サレジオ

　クリスマスカードの天使や、ツリーのてっ辺に飾るふわふわの羽根をつけた天使のイメージは忘れてください。天使は崇高な光の存在であり、人間を気にかけ、見守っている創造主から遣わされた神々しい存在です。伝承によれば、昔はよい天使だけでなく悪い天使もいたようです。しかし、今日では悪い力を持つ存在には悪霊や悪魔といった別の名がつけられ、「天使」とは呼びません。つまり、「天使」という言葉には、善良なもの、情け深いもの、人を助けるものと同じ意味があるのです。

　天使といってもさまざまですが、人間を見守っているもっとも馴染み深い天使は守護天使でしょう。誰にでも守護者がいます。守護天使については多くの宗教が取り上げています。けれども、天使を信じるために信仰を持つ必要はなく、また守護天使を持つために天使を信じる必要もありません。人がその存在を信じるかどうかにかかわらず、天使は人と一緒にいます。守護天使はいつもそこにいて、人を見守り、気遣ってくれているのです。

　「天使」の語源は、「使者」を意味するギリシャ語「アンゲロス（angelos）」だと考えられています。聖書によれば、大天使ガブリエルはマリアを訪れ、イエス様を身ご

もっていることを伝えました。この重要な任務のおかげで、ガブリエルはもっとも有名な2人の天使の1人となりました。もう1人は神の戦士である大天使ミカエルで、その保護者としての姿を表した像は教会でよく見かけます。

天使は何人いるのか

　天使は何千何万も存在します。ほとんどの人には見えませんが、私たちのまわりにいます。天使の波動は人間よりずっと高いレベルにあります。回転している送風機の羽根と同じで、たいてい人の目では認識できませんが、それでもそこにいるのです。

天使はどんな姿をしているのか

　天使に性別はなく、男性でも女性でもありません。けれども、男性の姿で強さと力を示したり、女性の姿で優しさと思いやりを示したりします。要するに人が理解しやすい姿で現れるため、人間のように見えますが、たいてい人よりずっと背が高く、光を放ち、純白で、翼を持ち、後光が差しています。

　天使が現れたら恐怖を感じるのではないかと思う人もいるでしょう。しかし、実際には大きな幸福感と安心感と喜びに包まれるようです。天使と出会うことは、まさに忘れられない経験となるのです！

　天使は世界のはじまりから存在してきたと考えられています。ほとんどの人には見えませんが、天使を見た人はけっして少なくないようです。天使はあらゆる機会を捉えて人と接しますが、特に多いのは、危険が迫っていたり、病気に苦しんでいたりするときに天使を見た人です。

　どう考えるのかは個人の自由でしょう。けれども、天使は神と人間の橋渡し役だと信じられています。

守護天使とは何か

　人が生まれると、1人ひとりに天使が割り当てられます。天使はその人が何を望み、何を夢みて、何を目標とし、

> **天使の秘密**
> 自分の守護天使の姿がわかるように、夢に現れてほしいと頼みましょう。

何を成し遂げるのかを知っています。天使はその人を見守り、危険から守り、導き、魂の学びと成長に最適な道を歩ませてくれます。その道はときに緩やかに、ときに険しいものになります。けれども、人がもっとも成長するのはたいてい険しい道です。アメリカ先住民の諺に、「魂がいちばん成長するのは雨のとき」というものがありますが、まさにそのとおりでしょう！

自分は守られている、誰かがどこかで見守ってくれていると信じていますか？私は信じています。人にはそれぞれ、その人を守る誰か、つまり守護天使がついていると心から感じるのです。1人に数人の守護天使がついていると信じる人たちもいます。

伝統的には天使は「光の存在」だと考えられ、ほとんどの宗教がその「光の存在」を信仰体系に組み入れてきました。天使の役割は多種多様で、惑星の世話から、海や湖、花などの植物、鳥や魚も含めた動物の世話も含まれ、もちろん星の動きも管理しています。そして、職探しの手伝いもできるのです（p.76-91を参照）。

どうすれば天使が見えるのか

こうたずねるとき、人がほんとうに知りたいのは、「なぜ天使は私の前に現れないのか」ということです。昼日中に姿を見せたら大変でしょうが、それだけでなく、そんな神々しい存在が実際に目の前に現れたら、たとえ安らぎや喜びを感じたとしても、気が動転してしまうでしょう。居間の真ん中に突然巨大な天使がそびえ立ったら、きっとたいていの人が家を揺るがすような悲鳴を上げることでしょう！

そのため、瞑想中や軽い催眠状態、あるいは夢を見ている状態（体は眠っていても意識が覚醒している明晰夢）のほうが、人の脳は天使やガイドの姿を受け入れやすいのです。そのほうが、人にとってこのすばらしい光の存在を受け入れやすいだ

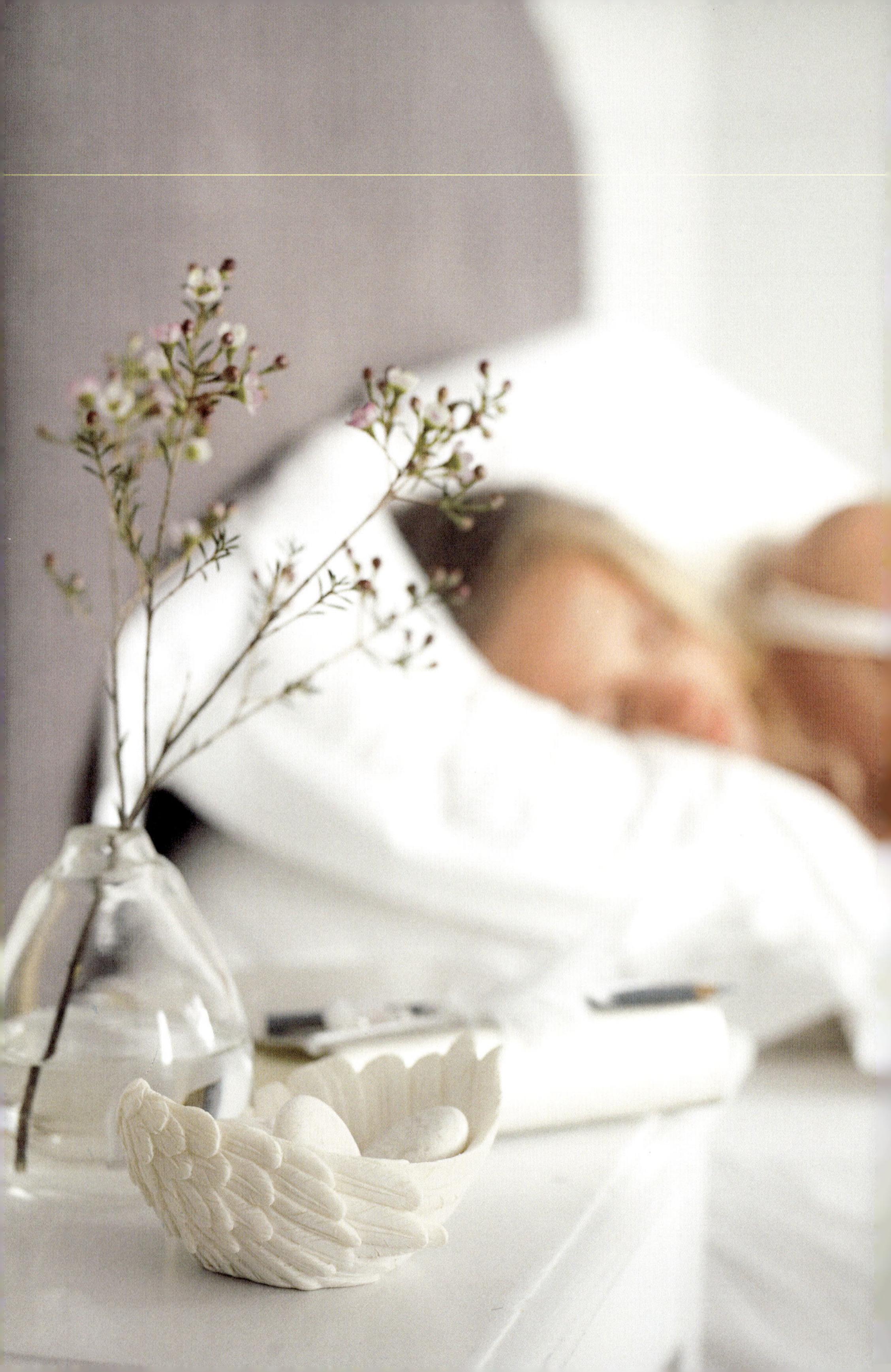

けでなく、天使にとっても姿を現しやすいのです。意識のない状態や手術中、あるいは臨死体験中に天使を見た人がいるのはこのためです。だからといって、身を危険にさらす必要はありません。瞑想しながら天使を呼んだり、夜、夢に現れてくれるように頼んだりすれば、天使が物質的に見える存在として目の前に現れる状態をつくり出すことができるのです。

　天使の波動は人間とは違います。水と同じように高温で気体となり、低温で固体となる天使は、地上に生きる人間よりずっと繊細な存在です。人間の視力には限界があるため、簡単に天使を見ることはできませんが、見えないから天使が存在しないということではありません。天使はあなたや私と同じように実在するのです。

　本書では、楽しい物づくりや簡単なエクササイズなど、天使と触れ合う方法をたくさん伝えたいと思います。面白いと思うものは人それぞれです。興味の持てるものからはじめて、とにかく楽しみましょう。

　失敗などありません。愛情を持って取り組めば、天使とつながることができます。直観に従ってください。自分の心の声に耳を澄ませば、どんな状況にあっても最良の方向へと導かれるでしょう。自分の直観を信じてください。それは天使の声なのです。

エクササイズ
眠っているときに来てくれるよう天使に頼む

　祈りはかなうと信じているなら、就寝前の祈りの時間に天使に話しかけてみましょう。天使に祈る人はいませんが、助けを求める人には神が使者を送ってくれます。困っている人を助けてくださいと、天使（あるいは神）に祈ってもかまいません。そういった祈りには最適のときです。

1　就寝の直前に、天使に夢に現れてくれるよう頼みましょう。運がよければ、願いを受け入れたというサインがあります。夢のなかでメッセージを受け取る人も、実際に言葉を聞く人もあります。とても運がよければ、天使と会うことができます。あるいは、自分の守護天使が目の前に現れるかもしれません。眠りに落ちる瞬間や目覚める直前は、天使がメッセージやサインを送ってくる可能性がいちばん高いときです。もちろん目覚める瞬間に天使がサインを送ってくれれば、そ

の特別な訪れを覚えていられるでしょう。

2 体験したことを書きとめましょう。それは単なるメモとなるだけでなく、また同じ方法であなたとコンタクトを取るよう天使を促すことにもなります。

興味を持ってくれる人とできる限り体験を分かち合ってください。天使と触れ合った体験は分かち合うべきものです。多くの人に伝えましょう。

どうすれば自分の守護天使に会えるのか

ほとんどの人が自分の守護天使に会いたいと思っています。人間である私たちには、実際に目に見える存在のほうが簡単に関係を築くことができ、また日常的にコミュニケーションを取ることも容易です。けれども、日頃から瞑想していれば、守護天使とも長年の友人と同じような関係を築くことができます。天使がこれまでずっと友人だったことを考えれば、特別なガイドであり、守護者である存在と旧交を温めてもよい時期でしょう。

瞑想が苦手なら、「誘導瞑想」を試してみてはどうでしょう。誘導瞑想とは、音声ガイドによって想像の旅へと導いてもらう方法で、たいていBGMとして穏やかでリラックスできる音楽が流されています。ナレーターによって山々を巡る旅に連れ出されたり、美しい森を視覚化するように求められたり、どこまでもつづく砂浜を歩いている自分を思い浮かべるように求められたりします。

瞑想の初心者なら、何か集中の対象となるものを利用するとよいでしょう。たとえば、キャンドルの炎など、1つのものに精神を集中するのです。こうすることで、リラックスしたり、完璧な健康状態にある自分を視覚化したり、目的である守護天使に会ったりといったことができるようになります。

私も天使に会うための瞑想CDをいくつか製作しましたが、ニューエイジショップで買ったり、インターネットで多くの種類のなかから選んだりすることもできます。もちろん自分で考えた台詞を録音して流したり、友人に読んでもらったりしてもかまいません。初めのうちは集中しづらいものですが、がんばってください。最初は10分だけでも、つづけることで、徐々に25分くらいまで延ばしていきましょう。練習すれば必ず楽にできるようになり、そこから得るものはたくさんあります。

あなたが守護天使について知りたいこと、期待していることは、次のようなことでしょう。

- 名前
- 性格や容貌
- あなたの人生における役割、日々の生活でもらえる具体的な支援
- さまざまな疑問に対する答えや問題の解決策
- 指示や導き
- 未来についての情報
- 人間関係に対するアドバイス
- 財政問題に対する支援
- 健康と癒し
- 霊的な導き
- 家族への支援（特に子どもたちを見守ってほしい）
- 悲しみに対する支援
- 転職やキャリアに対する支援
- 学業に対する支援
- 夢を実現させるための導き

自分で考えた台詞を使う場合には、こういう内容を天使への願いに加えましょう（瞑想については次の章にも説明があります。p.46-47を参照）。

エクササイズ
守護天使に会う—瞑想1

瞑想の前に緊張をほぐすエクササイズ（ステップ1-5）を行ってください。このエクササイズは今後行うどの瞑想にも利用できます。体の各部分の緊張を順にほぐしていきましょう。私はたいてい上から下へと進めていきますが、下から上へと進めてもかまいません。自分がやりやすいように行ってください。緊張がほぐれて準備ができたら、旅をはじめましょう。好みに従ってBGMを流してください。

天使と出会う

1 居心地のよい場所で行ってください。邪魔の入らない暖かい部屋を選びましょう。できれば背もたれの真っすぐな椅子に座り、背筋を伸ばし、足を床（あるいはクッション）につけます。

2 鼻から深く息を吸い、すこし間をおいてから口から吐いてください。もう一度吸い、間をおいてから吐き出します。さらにもう一度。このようにゆっくりとした呼吸を繰り返します。

3 純白の癒しの光が自分の頭頂部へ入ってくるようすを思い浮かべてください。この光が下へと流れていくにつれて、緊張がほぐれていくのが感じられます。

4 光が首、肩、腕、手へと流れていき、各部分の緊張がほぐれていきます。そして、あなたは徐々にリラックスしていきます。

5 純白の癒しの光が胸に流れ込んでくるのを感じてください。お腹と背中の緊張もほぐれ、ますますリラックスしていきます。光がお尻、大腿、膝、ふくらはぎ、足へと流れ落ちていくにつれて、さらにリラックスします。この温かい純白の癒し

の光は体のあらゆる部分へ流れ込んでいきます。光が体の内側と外側を流れていき、あらゆる部分から不快なものを残らず洗い流し、痛みをすべて取り除き、浮かぶように軽くなった感覚と入れ替わっていくのを感じましょう。体中の緊張がほぐれ、また、さらにリラックスしていきます。

6　あなたはふわふわとした1つの泡のなかに、この上なく安らかな気分で浮かんでいます。やがて、愛に満ちた存在が漂いながら近づいてきます。近づくにつれて、直観的にそれが自分の守護天使だとわかります。その愛に満ちたエネルギーがとても馴染み深いものであるからです。守護者でもあり保護者でもある、愛に満ちた守護天使の腕に優しく抱かれた感覚を覚えているのです。

7　しばらくの間、守護天使がくれる完璧な無条件の愛の感覚に浸りましょう。

8　その愛と溶け合い、天使の愛に満ちた腕になかにいることを楽しみ、その愛があなたという存在そのものに流れ込んでくるのを感じ取ってください。しばらくそのままで、その体験を味わいましょう。好きなだけその感覚を楽しむのです。準備ができたら先へ進みましょう。

9　目の前にいる天使をじっくりと見てください。天使に微笑みかけてもらえば、心の底から安心できるでしょう。あなたの天使は男性の姿をしていますか、それとも女性ですか？よく見てください。そして、答えが得られるまで待ちましょう。

10　ここで天使に名前をたずねてください。名前がどんなものでも驚かないでください。聞いたことのあるものですか？　初めて聞くものです

天使の秘密

天使はいつもあなたと一緒にいて、すぐ側にいることをかすかなサインによって伝えたいと願っています。天国からの贈り物として白い羽根を持ってきてほしいと頼みましょう。白い羽根は昔から天使の名刺だと言われています。

か？　その名前を呼んでみましょう。

11　しばらく天使と過ごしたら、今すぐ手を差し伸べるというメッセージがほしいと頼んでください。必要なだけ時間をかけましょう。

12　お別れの準備ができたら、天使と向かい合って微笑みかけ、天使のエネルギーが離れていくのを感じ取ってください。天使は両腕を差し出すことで、天使のエネルギーは望めばいつでも呼び出せることを伝えます。あなたは満足し、安心感と自信に満ち、人生に何が起ころうとそれに立ち向かう準備ができました。

13　1人になったら、元いた部屋へ戻ってください。目を開け、徐々に目覚めていきます。すこし時間をかけて、体験したことを思い出してください。天使の名前は何でしたか？　男性でしたか、女性でしたか？　天使からの特別なメッセージは何でしたか？　それはあなたの人生のこの瞬間にどんな意味があったのでしょう？

14　準備ができ次第、体験したことを書きとめてください。心に浮かんだイメージを残らず書き出しましょう。今後のために日付を入れるのを忘れないでください。

　この瞑想のうち緊張をほぐすエクササイズ（ステップ1-5）は、本書のどの瞑想でも利用できます。これは自分の調子に合わせて進めてかまいません。不快な気分になったら、ただ目を開いて、温かい飲み物を飲み、気分が落ち着いてから、エクササイズに戻ればよいのです。
　「守護天使に会う瞑想」はほかにも2つあり、p.95とp.110-112で紹介しています。

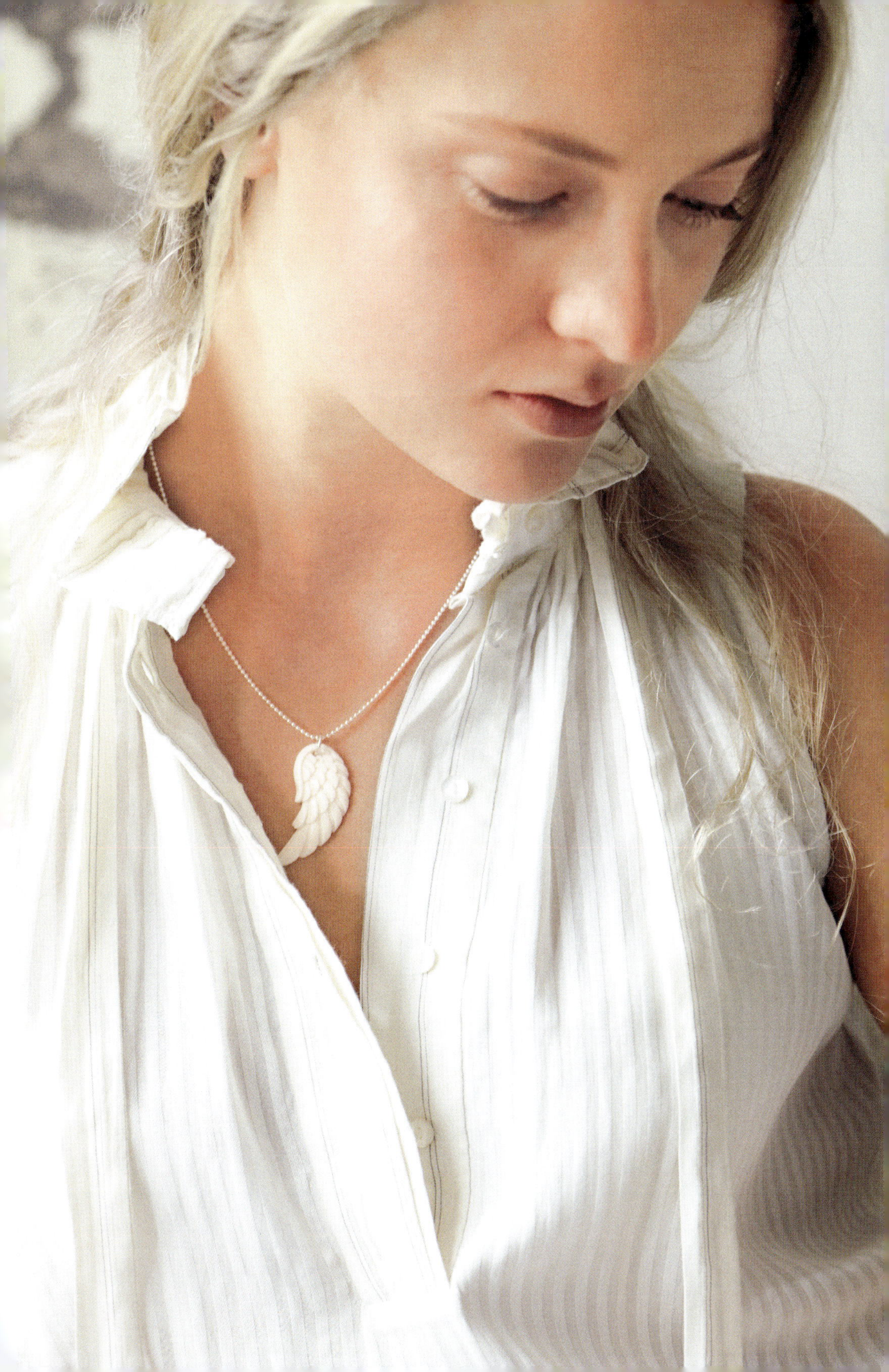

天使に関する世論調査

天使はいると思うか、みんなに聞いてみましょう。天使に会った人はいるでしょうか？　いたら、どんな姿だったのかたずねてください。きっと驚きますよ。興味がなさそうな人ほど、夢中になって話してくれるからです。知識が増えると同時に、新しい友人ができるでしょう。

天使はどんな姿をしているのか

多くの人が見るのは翼を持った人間のような姿の天使ですが、きらめく光や幾重にも重なる虹色の光を見た人もいます。妖精のように小さな天使を見た人もいれば、巨人のように大きな天使を見た人もいます。頭を屋根から突き出し、足で床を踏み抜くほど大きな天使を見た人もいます。伝承によれば、炎のような存在や、何百もの目を持つ奇怪な姿の天使もいたようです。

けれども、天使はどのように想像されても気にしません。人間が抱くイメージに満足し、自分たちが象徴にすぎないことを理解しています。エゴがないため、神のように崇められたいとは思っていないのです。

けれども、人が心のなかで、自分だけの天使のイメージを持つのは大切なことだと思います。あなたが持っている天使のイメージはどんなものですか？

エクササイズ
天使を見る瞑想

瞑想の手順を何度も読み、十分に理解してから行ってください。指示どおりにできなくても心配する必要はありません。

1　静かな部屋で椅子に座り、目を閉じてください。鼻から息を吸って口から吐き出す深呼吸を3回行います。それから普通に呼吸し、徐々にリラックスしていきましょう。

2　美しい庭にいる自分を思い描いてください。その庭は安全で楽しい場所で、深い安らぎと愛に満ちています。懐かしさを感じ、そこにいると安心できます。

3 しばらく時間をかけて、自分のまわりに完璧な庭を思い描いていきます。何が見えますか？ 花が咲いていますか？ 木が見えますか？ 水場があって、鳥がいますか？

4 庭のどこかに座り、天使が近づいてくるのを待ってください。目の前に天使の姿が徐々に現れてきます。その姿をよく見てください。
- 天使は光のなかから出てきましたか、それとも扉からですか？
- 天使に色はついていますか？
- 翼はありますか？
- 衣服を着ていますか？
- 足は見えますか？
- 天使のまわりのようすはどうでしょう？ 色や形を見てください。
- 何かを持っていますか？
- あなたに何かを見せていますか？
- 何かを象徴するものを身につけていますか？

5 天使があなたに向けて愛を送ってきます。その愛、その完璧な無条件の愛を感じてください。しばらくの間、そのすばらしいエネルギーを味わってください。あなたの準備ができたとき、天使は帰って行きます。1人になったら、目を開け、元いた部屋へ戻りましょう。自分が今この場所にいること、椅子に座っていることを思い出してください。

6 思い出せる限りのことを書きとめましょう。天使はどんな姿で、どんな感じでしたか？ このエクササイズの目的は天使を「見る」ことであるのを忘れないでください。

7 次に記憶を頼りに天使をスケッチしてください。絵の才能など気にせず、ただ描きましょう。色鉛筆があれば、それを使って自分が受けた印象をスケッチに加えます。描き終えたら、日付も加えて保存しておきましょう。今後もたくさんのスケッチを描いていきます。この瞑想を行うたびに描いてください。

天使の役割は何か

　人間に対する天使の役割はとてもわかりやすいものです。天使はただ人を守り、愛します。しかし、この保護と愛情にはさまざまな形があります。これは複雑なようで、実はそうではありません。人が問題に直面しても、天使なら助けられますが、すべてを引き受けたりはしません。人生の問題によって人が成長することを思い出してください。天使が人を支配したり、人間が嫌がることを無理強いしたりすることは許されないのです。

天使は何ができるのか

天使にできること	天使にできないこと
愛と支援を送る。	宝くじの当選番号を教える。
まだ「死ぬ順番」でなければ、ドラマチックな救出劇を演じる。	問題をすべて解決する。
目の前に現れて、危険を知らせ、危険から引き離す。	誰かを愛するように導く。
重要な情報を与えて、決断を助ける。	目標を達成させる。
人がもっとも必要としているときに支援と導きを与える。	人生のレッスンの邪魔をする。
人が自分で問題を解決できるように力を貸す。	隣人をスパイする。
壊れた物を直す。	人を傷つける。
病気の治癒を助ける。	人の自由意志を操る。
友人になる。	

実際にあった話
事故を避ける

　ある日、母に会いに行こうとしたときのことです。天気がよく、母の家は近所なので、歩いて行くことにしました。イヤホンで音楽を聴いていたので、注意散漫な状態でした。

　交差点でぽんやりと立っていると、1台の車がものすごいスピードでこちらへ向かってきました。すると、その瞬間、誰かが私を引っ張り、車から遠ざけたのです。それは勢いよく引っ張られたので、車を運転していた女性も驚いていたほどでした。どうして轢かれなくてすんだのか、ほんとうに不思議です。

　奇妙なことに、引っ張った人が誰だったのかまったくわかりません。振り返ってもそこには誰もいなかったのです。きっと天使だったのでしょう！

天使に手助けする許可を与える

　ここで、「人の自由意志を操る」ことについて考えてみましょう。天使の役割は人を助けることです。しかし、どんな関係でも相手の気持ちを尊重する必要があります。天使が自分の都合で人に何かをさせることはできません。人が許可を与えない限り、天使が人の生活にかかわることはないのです。

　初めて庭を造り、上手にできたと自慢に思っている自分を想像してください。そこへ庭造りの得意な隣人がやって来て、許可もなくあなたの庭の植物を植え替えはじめたら、腹が立つに違いありません。誰の許可をもらって、あなたの庭を台無しにするのでしょう？

　ここですこし違う状況を考えてみましょう。造ったばかりの庭に問題が起きたので、隣人に助言を求めます。隣人はいくつかアドバイスしてくれるでしょうが、それに従うかどうかはあなた次第です。あなたが自由意志で選ぶべきことなのです。

　これを天使との関係に当てはめれば、人がみずから天使を招き入れなければならないことがわかるでしょう。人間には「自由意志」と「選択の自由」という権利があるので、誰かの自由意志を操ろうとしない限り、また暮らしている国の法律を破らない限り、ほとんどのことは自分で自由に選ぶべきなのです。

> ## 天使の秘密
> 人に安らぎと喜びを与えることは、天使の最大の願いです。天使が近くにいると感じたら、気づいていることを伝え、感謝の言葉を述べましょう。羽根をくれたり、頰や肩に触れたりといった接し方が気に入っているなら、そう伝えればその接し方をつづけてくれます。同じように、天使の接し方に怯えているなら、そう伝えれば改めてくれるでしょう。とにかく天使に気持ちを伝えることです！

許可の与え方

　ただ声に出して、助けてほしいと頼んだり、1日のはじまりに、力を貸してくださいと願ったりしてください。願いを書きとめたり、祈りとして直接神に願ったり、天使の儀式を行ったりしてもかまいません。特別な言葉を使いたければ、それもよいでしょう。また、天使のブローチをつけたり、天使のコインやお守り石（不安を取り除いてくれる小石やクリスタル）を持ち歩いたり、自宅や車内や職場に天使の置物を飾ったりすることで、許可を伝えることもできます。

エクササイズ
天使に助けを求める

　どんなふうにして天使に許可を伝えたいですか？　守護天使に特別な言葉を使って伝えたいですか？

1　許可を与える言葉の例を挙げますので、書きとめてください。願ったあとに感謝の言葉を述べることを忘れないように。
- 天使よ、私は白い羽根を集めています。あなたが近くにいるサインとして、もっと与えてください。愛と感謝を送ります。
- 天使よ、あなたが近くにいてくれると、うれしくてわくわくします。でも、昨夜、

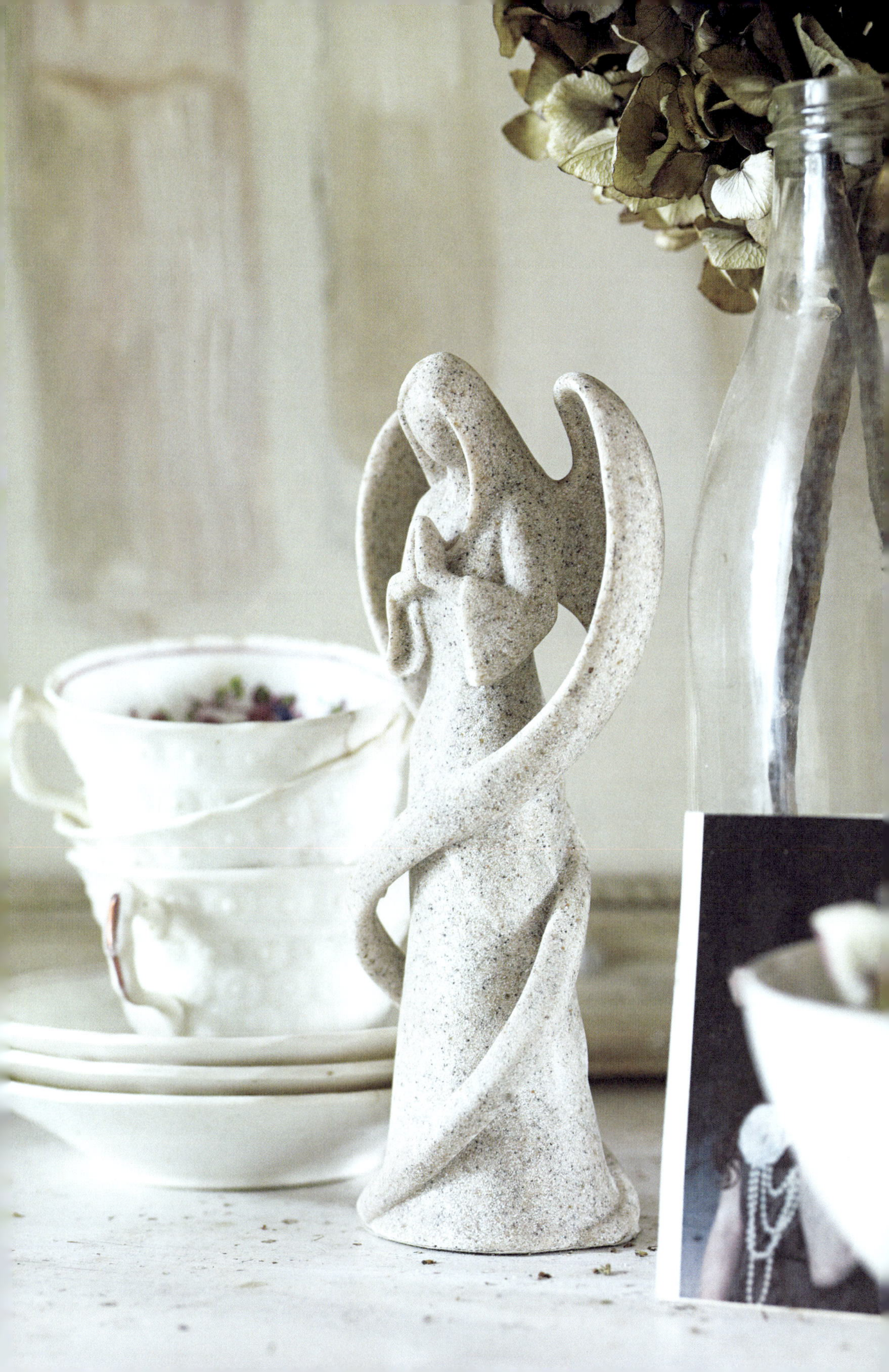

キッチンで物音がしたときは怖かったので、あの方法で近くにいることを伝えるのはやめてください。愛と感謝を送ります。
- 天使よ、先週は夢でメッセージをもらい、とてもうれしかったです。これからもつづけてください。愛と感謝を送ります。
- 天使よ、実際に触れられるとびくびくしてしまうので、別の方法でコミュニケーションしたいと思います。愛と感謝を送ります。

2 ほかにアイデアはありませんか？ やってみたいこと、伝えたい言葉や着てみたい服はありませんか？ それもメモして、実際にやってみたら、日付と共に記録してください。今すぐ口に出して天使に願いを伝えてもかまいません。

ほかのエクササイズと同じように、心から願っていることをノートに書きとめてください。のちのために余白を空けておきましょう。

天使ノート

すでに何度も書きましたが、必ずメモを取ってください（面倒なら、パソコンやテープレコーダーなど慣れた方法で記録してもかまいません）。書きとめれば、心にしっかりと刻むことができます。紙に書きとめることで、それが人生に組み込まれるのです。そして、その結果、ずっと消えることのない意志となります。

天使ノートは特別なものなので、特別な場所に大切に保管してください。天使と出会った体験やそのときの気持ちを紙切れに書くのはよくありません。失くしたり、破れたり

する可能性があるからです。表紙のしっかりしたノートを探し、シールを貼ったりして飾りましょう。これ以外にも、エクササイズや体験したことについて書きとめたメモをスクラップブックに貼っていく方法もあります。かわいい天使のついた包装紙などをカバーにしましょう。ルーズリーフのノートでもかまいません。

　天使ノートはインスピレーションのままにつくってください。おおいに楽しみましょう。
　天使ノートはこんな使い方もあります。

- 天使に手助けしてもらいたいことのリストを書き出しましょう。天使ができること、できないことを忘れないでください（p. 26を参照）。少なくとも20個は書き出し、日付をつけましょう。あとで結果を書き込むために余白を残し、実現したら印をつけていきます。
- 自分の体験、聞いた体験など、天使に関することをすべて書きとめましょう。
- 天使の詩をひらめいたり、天使が描かれたすばらしい詩を見つけたりしたら書きとめておきましょう。
- 本書を読んでひらめいたアイデアを書きとめましょう。
- 本書で紹介する瞑想やエクササイズを行っているときに経験したことを記録しましょう。
- 天使を描いた雑誌のイラストやステッカー、誕生日カードやクリスマスカードなどで気に入ったものを貼りましょう。
- 夢や天使が送っていると感じるメッセージを記録しましょう。

　やっていくうちに、きっとすばらしいアイデアがどんどん生まれてきます。天使ノートは大切にして、安全な場所に保管してください。

天使のコンタクトの仕方

　もちろん天使は毎日、人とコンタクトしていますが、人がいつも気づいているとは限りません。何に気をつければよいのかわからなければ、気づきにくいものです。天使のメッセージはかすかなものもあれば、とてもドラマチックなことが目の前で起こる場合もあります。人の性格に合わせてコンタクトの仕方が決まる場合もあります。たとえば、物静かな恥ずかしがり屋なら、別の世界からのドラマチックなコンタ

クトに怯えてしまうので、天使が気を遣ってくれるでしょう。

実際にあった話
天使に触れられる

14歳のある日、ベッドで横になっていると、突然、肩に手がおかれたのを感じました。振り向いても壁があるだけで、幽霊が出たのかと震えあがりました。けれども、それ以来、夜、灯りを消して眠れるようになったのです。幼いころから、暗闇では怖くて眠れなかったのに。きっとあれは天使だったのでしょう。

> **天使の秘密**
>
> 天使が人を介して、慰め、元気づけるメッセージを送ることもあります。今すぐ天使の使者になってください。これから出会う人、特に見知らぬ人に微笑み、親切な言葉をかけましょう。

なぜ天使は助けてくれないのか

天使のコンタクトは、人がおかれている状況によって決まります。窮地に立っている原因は自分にありませんか？ もし天使があまりに早く介入し、すべてを解決してしまったら、人は何を学べるでしょう？ 逆境は魂を鍛え、自分に自信を与えてくれるものなのです。

話を聞いてくれる天使

これまでに困ったことがありますか？ もちろん、あるでしょう。生きていれば誰にでも問題が起こります。それが人間であるということなのです。けれども、よい友人がいればおおいに助かります。つらいときに悩みを聞いてくれるからです。

こうすればいいのに、ああすべきだったのにと言う人に会ったことは誰でもあるでしょう。これは非常に苛立たしいことです。落ち込んでいるときに、知ったかぶりの人に自分の愚かさについてわざわざ教えてもらいたくはありません。最高の友人とは話を聞いてくれる人、何も言わず、ただ耳を傾けてくれる人です。話を聞くのがうまい友人も天使なのです。

天使の羽根

　小さな白い羽根は、天使がくれるもっとも愛らしいサインとなりました。人が羽根をもらうのは、それがもっとも必要なときですが、いつも白色とは限りません。きっと忙しい天使なら、明るいピンク色でも黒色でも、手に入る羽根ならどれでも使うでしょう。黒い羽根をもらっても悪いことが起こる印ではありません。サインとして羽根がほしいと願いましょう。思いがけないときに羽根をもらえるかもしれません。

　羽根が天使がくれたものかどうかは、どうすればわかるのでしょう？　天使の羽根なら、人がそれをもっとも必要としているときや、サインを求めたあとに現れます。

　天使の羽根を集め、貴重な宝石のように大切に保管してください。きれいな瓶か箱に入れたり、装飾として利用したりしましょう。私はよく天使のサインを求めている人にあげます。手紙やカードと一緒に封筒に入れて送るのです。あなたもやってみてください。

　天使の羽根にはほかにどんな利用法があるでしょう？　楽しみながらリストをつくってください。

偶然の一致と目標の達成

　天使のサインといってもいろいろあります。誰かのことを考えていたら、その人から電話があったことはありませんか？　天使が起こす偶然の一致やシンクロニシティー（意味のある偶然の一致）はいつも起こっています。生活のなかのシンクロニシティーこそ、天使からのいちばんよいサインでしょう。

　「願う」という言葉についてもう一度考えてみましょう。ほしいものを願うのは、実現させるために欠かせないことです。ほしいものを天使に願ってください。「最適な状況になること」も忘れず願い、天使がより優れた計画を思いついてくれたら、それを受け入れましょう。

　未来を思い描くことによって人生に偶然の一致を呼び込みましょう。目標を書きとめ、ポスターを描き（次のエクササイズ参照）、その目標が達成できるよう天使に助けを求めましょう。

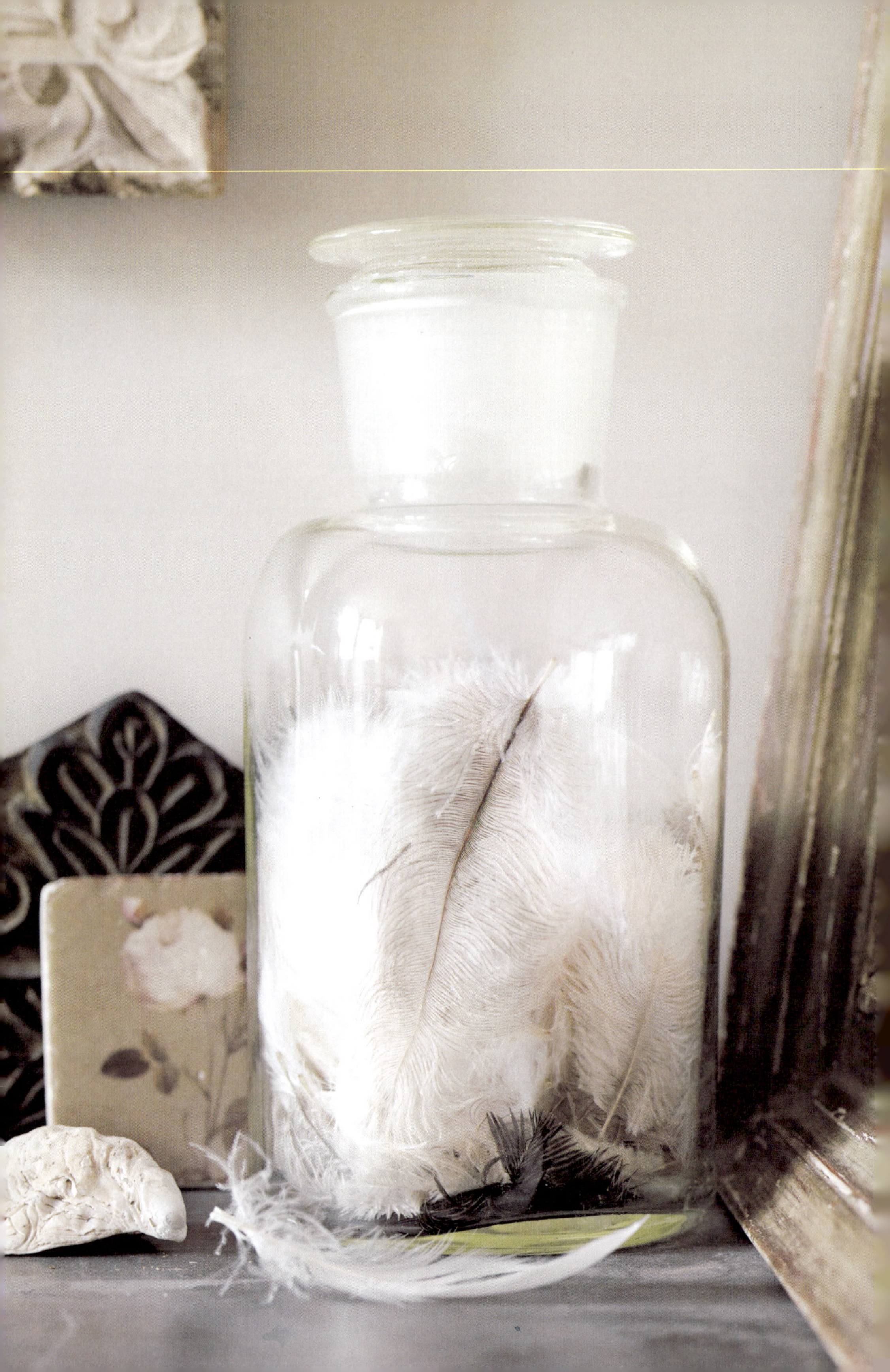

エクササイズ
天使の目標達成ポスターを描く

何でも手に入るとしたら、何がほしいですか？ 目標は現実的なものでなければなりません。達成できると信じる必要があるからです。けれども、目標に限界を設けたり、実現に不安を抱いたりしてはいけません。解決策は天使に任せ、天使の指示やアドバイスに従いましょう。

1 大きめの用紙を準備し、1から20までの番号を書き込んでください。これから1年の間に実現したいことを20個挙げ、リストにします。お金儲け（金額は具体的に）、外国旅行、飛行機の操縦訓練など、目標はなんでもかまいません。

2 リストを読み返し、いちばん実現したいことを5つ選び、マーカーなどで色をつけて際立たせます。その5つを再度読んでください。心の底からわくわくするものがありますか？

3 そこから2つ選んでください。大きめの白い用紙を2枚用意しましょう。冒頭にサインペンなどを使って、大きな文字で目標を書き出します。用紙1枚に1つの目標を書いてください。

4 その下にボールペンを使って、やはり大きな文字で、「天使よ、私は目標である〔　　　〕を達成できてとても幸せです」と書いてください。そのあと、目標についてさらにくわしく書き込みましょう。すでに達成したかのように書いてください。

5 ここで用紙に装飾を施します。真ん中に微笑んでいる自分の写真を貼り、家族や友人に囲まれている自分の写真も加えましょう。特に一緒にいたい人たち、目標や計画にかかわってほしい人たちのものがよいでしょう。

6 飛行機や車、新しい仕事の制服、外国の風景、真新しいキッチンユニットなど、心に浮かぶイメージどおりの写真を探し、用紙の周囲に飾ってください。

7　完成したら、目標達成ポスターを目立つ場所、毎日、目に入る場所に貼ってください。

8　椅子に座り、そのイメージを自分のなかに取り込んでください。守護天使に手助けを頼みましょう。今そうなっていると強く信じ、実際にそこにいる、目標を達成したという気持ちになってください。天使が側にいて、目標に近づくために胸躍るチャンスをつくり出してくれていることをいつも意識しましょう。そのチャンスを見逃すことなく、どんな状況になっても先へ進んでください。

　このエクササイズはワークショップで長年行ってきたものです。ほかの指導者も行っているので、効果があるに違いありません（私には効果があります）。脳には現実と空想の区別がつかないため、あなたがほしがっているものを、あなたに代わって懸命に実現させようとします。私ならポスターに天使の絵を飾ります。いつも天使とかかわっていたいからです！

目標を口にする

　目標を誰かに話すことには大きな効果があります。具体的に、すでに実現したかのように、ほしいものについて話しましょう。たとえば、「飛行機の操縦を習っている」と言ってください。「いつか飛行機の操縦を習いたい」と言っては、それが遠い未来へ追いやられてしまうからです。

　目標を人に話すことで現実味を帯びてきます。もしかすると、その友人が訓練してくれる人を知っているかもしれません。天使が適切な人を人生に呼び込み、目標の達成に協力してくれるのです。まわりの人も手助けしたがるでしょう。彼らは「磁石のようにあなたに引きつけられた偶然の一致」なのです。

　どうなるのだろう、資金は足りるだろうかなどと心配してはいけません。ただ天使のサインを探しつづけてください。誰かが「義弟が飛行機を持っていて、無料の訓練と引き換えにアシスタントを探しているわ」と言うかもしれません。あり得ないって？　それは違います！　多くの人が天使がくれる大きなサインを見逃していると知ったら、きっと驚くでしょう。まわりに注意を払いながら、どんな状況でも前へ進んでください。

庭にいる天使

　人がよく天使に会うのは野外です。特に暖かい夏の日中などは、ゆったりした雰囲気のせいで、天使が訪れやすいようです。どうすればそんなことを起こしたり、その体験を思い切り楽しんだりできるのでしょう？

　裏庭であれ、玄関前の椅子を1つおけるだけの場所であれ、飾りつけのできる小さな空間があるでしょう。自然物を集めたり、すでにあるものを利用したりすれば、楽しく簡単に自分だけの瞑想空間をつくり出すことができます。

天使の庭という聖域をつくる

　椅子かベンチか丸太を探してください。柳の枝で編んだ椅子があればすばらしいです。それを空間の隅や壁際におきます。中古の椅子にペンキを塗ったり、美しい花模様のクッションをつくり、晴れの日だけ外で使ったりするのもよいでしょう。

　運よく庭に人目につきにくい場所があれば、瞑想空間にぴったりです。目隠しをすれば、秘密の場所になります。香りのよい植物の鉢植えを並べたり、古い門や、薔薇の枝を絡ませたアーチや、手書きの標識を仕切りにしたりしましょう。小さな格子板だけでもプライベートな空間になります。ネットやロープを利用してもかまいません。

　暖かい夜にはきれいな灯りがほしくなります。キャンドルの光は美しいものです。グラスに入れた香りつきのキャンドルは庭にぴったりです。美しいキャンドルホルダーを探したり、ガラス用塗料でジャムの瓶に絵を描いたりしましょう。白や淡い色のクリスマスツリー用ライトを木やアーチにかければ、神秘的な雰囲気になります。最適なムードを出すためにいろいろ試してください。低木の下に色付電球を飾ると特に効果的です。

　聖域でとても重要になるものが音です。水を利用すればとても簡単です。雰囲気を出したければ、ぽたりぽたりと落ちる水音以上のものはないでしょう。空間が狭ければ、きれいな皿に小石やクリスタルを敷き詰め、玄関前や窓台においてください。皿に水を満たせば、日光を浴びてきらきら輝きます（時々洗って清潔にしましょう）。

　庭用の天使像や妖精の置物もおきましょう。想像力をおおいに発揮してくださ

い。小さなガラクタも利用して雰囲気を出せば、空間が神秘的なものになります。

　ウィンドベルも1つか2つつけましょう。ギフトショップや園芸店へ行けば、竹製のベルもあります。貝殻をつなげて自分でつくるのもよいでしょう。ハンドドリルで貝殻に穴を開けるか、元々穴のある貝を使ってください。穴の開いた小石も探してみましょう（天国への入り口にあると言われています）。

実際にあった話

天使の声

　数年前、庭の静かな場所で座っていたときのことです。もう遅い時間で、風が強くなり、にわか雨も降ってきましたが、お茶のカップを片手にキルトに包まっていました。悪天候にもかかわらず、とても気分がよかったからです。

　天使からのコンタクトを期待し、ノートとペンも準備していました。そろそろ真夜中だというころです。突然、風がやみ、静かで落ち着いた雰囲気になったと思うと、歌声が聞こえたのです。それは息をのむほど美しく、どこか別の世界から聞こえてきたかのようでしたが、あっという間に消えてしまいました。

　その声はとても感動的なものでした。きっと贈り物だったのでしょう。あれは、私にとって初めての天使との出会いでした。

天使の雲

　流れていく雲を眺めることも、天使を見つけるすばらしい方法です。ただ古毛布に寝そべっているだけでかまいません。大切なのは気持ちのよい場所を選ぶことです。絹雲（地上から6kmほどに浮かぶ細い雲）や高層雲（地上から2-6kmほどに浮かぶ長い雲）は特に美しく、天使のように見えます。

　寝そべるのは、地面でもリクライニングチェアでもかまいません。目の緊張をほぐし、太陽を避けながら、静かに空を見つめてください。雲がゆっくり溶け合っていくようすを観察しましょう。天使の羽根や後光に輝く天使の頭が見えますか？

　雲を眺めていると白日夢を見ることもできます。そうしているうちに天使からコンタクトを受け取るかもしれません。

白日夢を見る

人は1日に数回、「白日夢」と呼ばれる意識状態になります。人はこの頭がリラックスしている状態で創造性を発揮し、毎日受け取る数多くの情報を処理しています。また、このように心が安らかなときは、守護天使から導きを受け取るのに最適なときでもあります。そのまま、何が起こるのか見てみましょう。

天使がいるサイン

天使はさまざまな方法で、人の人生に寄り添っていることを伝えます。すでにお話した羽根のように、天使は目に見える小さなサインを人に送るのが大好きです。友人や親類（生死にかかわらず）からのメッセージも届け、香りや音を伝えることもあります。天使が奏でる音楽（美しい聖歌）を聞くことは稀ですが、愛する人を失ったときなど（次の実際にあった話を参照）、安心感が必要なときには聞こえてくることもあります。天使は人を救うだけでなく、安心させることもできるのです。

実際にあった話
最後の挨拶

母は肺がんと勇敢に戦ったのち、77歳の誕生日の2週間後、地域のホスピスで亡くなりました。私は4人の姉妹と共に最期を看取りました。いよいよとなったとき、カーテンに隠れてしまったのですが、母は私がそこにいることを知っていました。

死後、病室の外にいると、看護師が最後のお別れをするよう招き入れてくれました。お別れのあと、難聴の姉が、病室に流れていた天使の音楽はすばらしかった、あの場にふさわしかったと言いました。私と妹たちは唖然としました。病室には音楽など流れていなかったからです。少なくとも私たちには聞こえませんでした。姉が言うには、その音楽はそれまで（そしてそれ以降も）聞いたことのないものだったそうです。

葬儀は母の実家に近い教会で行いましたが、それは美しいものでした。葬儀のあと教会から出ると、頭上を小型機が2機飛んで行きました。実によいタイミングでした。私たちには、父と母が一緒に去って行くサイン、母が葬儀に満足してくれたサインのように思えたからです。

天使の階級

大昔から数多くの学者が天使を分類し、グループ分けしようと試みてきました。それは「天使の階級」と呼ばれています。守護天使は人のいちばん近くにいる天使です。最上階級の天使は神の側で働く天使です。

天使の3階級

上級三隊 (神の側で働く)	中級三隊 (惑星の世話をする)	下級三隊 (人間の側で働く)
1　熾天使	4　主天使	7　権天使
2　智天使	5　力天使	8　大天使
3　座天使	6　能天使	9　守護天使

大天使

大天使はもっとも有名な天使ですが、その名前とスペルは地域によってすこしずつ異なります。著名な大天使10人の名前と伝統的な役割は次のとおりです。

アリエル——動物や鳥の世話役。地上の天使と呼ばれる精霊を含む自然界の世話役でもある。

ガブリエル——使者の役割を持つ天使。情報伝達の世話役であり、郵便局員の保護者。

ハニエル——人が魔法を学ぶ手助けをする。クリスタルやハーブ、月の力を扱う。

ジェレミエル——夢のなかへメッセージを届け、人が過去を振り返る手助けをする親切で愛情あふれる天使。

メタトロン——昔はエノクという人間だった。今はあらゆる人間の思考と行いを記録する天使となり、その情報は神聖な『生命の書』に保管されている。

ミカエル——教会の絵画や彫像によく見られる。天使軍の総司令官。強さと力を示し、剣を携えている姿が多い。

ラファエル——癒しの天使。医師、看護師など、あらゆる癒し手と共に働く。旅人の保護者でもある。

サンダルフォン——預言者エリヤが地上での仕事ぶりを神に認められ、大天使となった。人間の祈りを神に届ける。

ウリエル——地球の癒し手。地震や洪水、火災など混乱状態からの回復を促す。

ザドキエル——偉大な芸術作品を生み出す創造力。努力する人にアイデアとインスピレーションを与える。

すべての天使が私とつながっている。

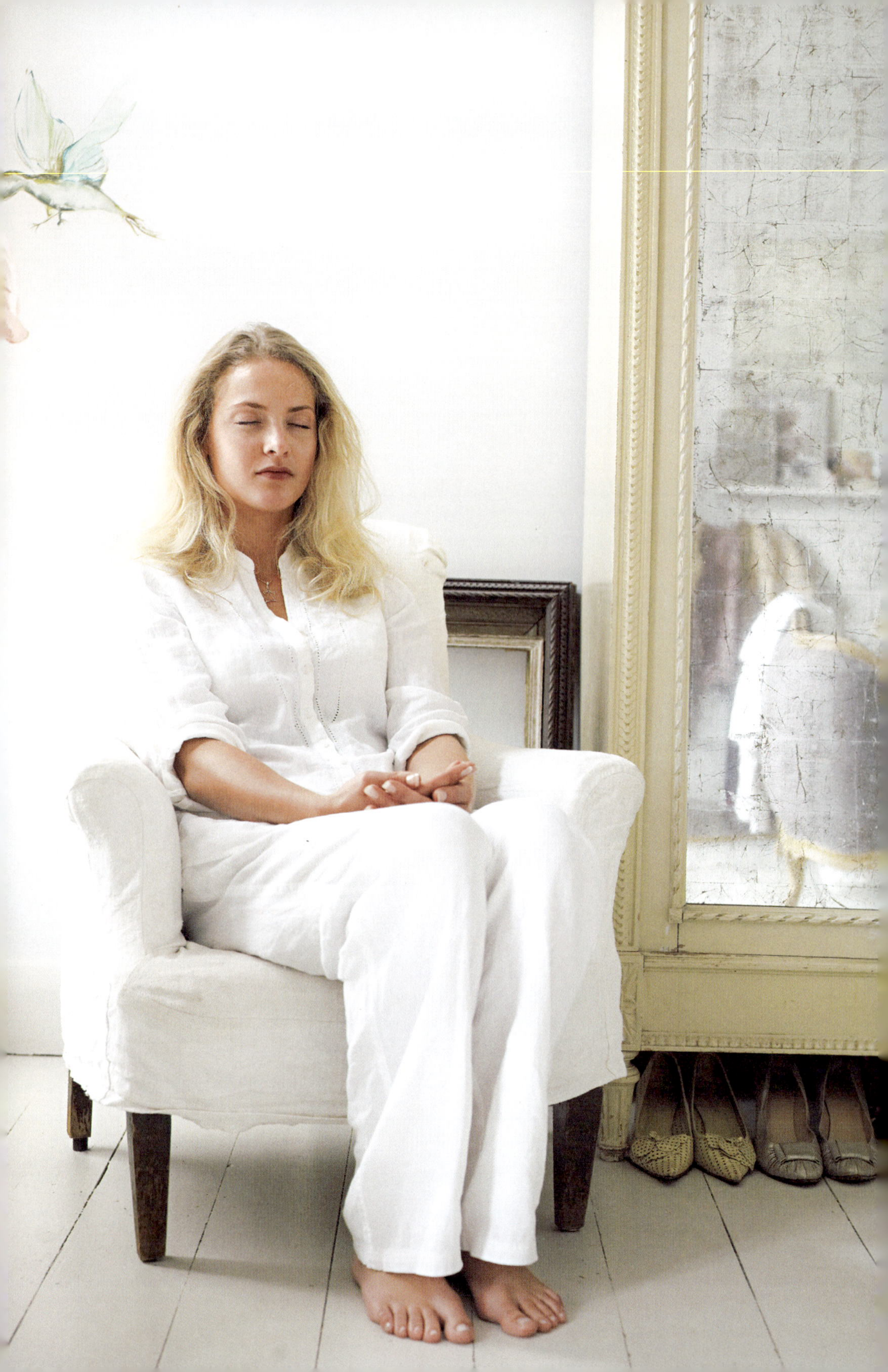

天使とつながる

主は天使たちに命じて、
人の歩むすべての道で人を守らせる。

詩篇91篇11節

　天使とつながるいちばん簡単な方法は、ただ天使に何かを願うことです。このことは本書のなかで繰り返し教えています。けれども、いくつか道具を利用すれば、もっと簡単に、もっと楽しく天使とつながることができます。私は次のものを取り混ぜて利用しています。

天使占いカード——それは楽しいものです。今ではたくさんのメーカーから出ていますが、自分でつくるのもよいでしょう（詳細は、p. 164-179を参照）。

瞑想——深いリラックス状態になることで、天使に近づき、天使を引き寄せることができます。私のように天使を夢に招き入れることもできるかもしれません。

アファメーション——本書ではポジティブな言葉をたくさん紹介しています。アファメーションすれば、勇気づけられ、楽観的になれます。これが最大の効果をもたらすのは、願いが未来で実現すると考えるのではなく、すでに実現したものとして言葉にしたときです。そのため、「私は〜したい」ではなく、「私は〜している」と言ってください（すぐに慣れます）。

祭壇と装飾——天使に関連する物をきれいに並べておけば、天使と自分とのつながりを忘れないでいられます。物は天使そのものではありませんが、天使のイメージを心に焼きつけることができるからです。天使の祭壇には天使のエネルギーが吹き込まれると信じる人はたくさんいますが、私もそう思います。

儀式——アファメーションしながらキャンドルを灯したりすれば、さらに記憶に残るものとなります。儀式は目標や願いを明確にするだけでなく、確かに天使にお願いしたのだと確信することにもなります。自分が考えた言葉でかまいません。本書ではさまざまな状況に対するアドバイスをしていますが、自分の好みで（あるいは天使がくれるインスピレーションのままに）どんどん変えていってください。神や守護天使、女神や創造主など、自分にぴったりな「誰か」にメッセージを送るのだと考えましょう。願いをはっきりと口にし、最後には必ず感謝することで儀式を終えてください。

キャンドル——キャンドルを灯すことは、光を受け入れる儀式を意味します（光と愛は最高の波動をもたらします）。そのため、キャンドルは瞑想と天使の儀式に役立ちます。どの儀式でも最初にキャンドルを灯し、最後に瞑想や呪文で締めくくったあとに吹き消してください。儀式以外にも、好きなときにキャンドルを灯しましょう。キャンドルをグラスに入れたり、安全なティーライトキャンドルを使ったりして、火災を起こさないようにしましょう。子どもやペットがいたり、窓から風が入ったりするなら、儀式や瞑想中に目を閉じないように気をつけてください。誰かに家族の世話を頼んでおけば、落ち着いてできます。安全第一で楽しみましょう。

オイルとインセンス——私は純粋なアロマセラピーの精油を使うのが大好きです。天使の儀式に適した精油はたくさんあります。専門家のサイトや精油の本で調べ、自分と家族にとって安全なものを使いましょう。天使は植物や花や果実からつくられた天然オイルの香りや波動エネルギーにとてもよく反応します。精油には、芳香器に入れた水に数滴加えてゆっくりと温め、部屋を香りで満たす方法が適しているものと、キャリアオイルに混ぜてマッサージするなど、体に直接塗布する方法が適しているものがあります。しかし、なかには有毒なもの、危険なものもあります！使用前に必ず確かめてください。インセンススティックをたくのもよいでしょう。

天使とつながる

クリスタル——天然の美しい石は見ているだけで楽しくなります。私はクリスタルを買うのも好きですが、贈られるのはもっと好きです。もらったものは机や窓台やテーブルに飾っています。天使が腰かけている装飾のある大きなボウルに、さまざまなタンブルクリスタルを入れておくのがお気に入りです。切子ガラスのボウルをクリスタルで満たせば、実に美しいものです。大きめのクリスタルは、祭壇や家のあちこちにおいています。

羽根——これは道具のなかでも特に大切なものの1つでしょう。天使がくれるサインだからです。天使はさまざまな理由から贈り物として羽根をおいていきます。羽根は身に着けても、きれいな箱や瓶に保管しても、誰かにあげてもかまいません。

こういったことについて、さらにくわしく見ていきましょう。

天使の瞑想

　天使はつねに人とコンタクトしていますが、忙しさに心を乱されていると、天使のメッセージやサインを見逃してしまいがちです。天使は人間とは異なる次元にいる「思考」のような存在であるため、まず人の目には見えません。人が天使を見るためには意識レベルを変える必要があります。しかし、人が瞑想によって別の意識レベルへ入れば、天使がコンタクトしやすくなるのです。

　瞑想するためには、心から雑念を取り除く、つまり思考の流れを止める必要があります。私が気に入っているのは、数分間リラックスし、気を散らす原因となる「しなければならないこと」をすべて書き出す方法です。気づいていないでしょうが、人の心につねにつきまとっているのは、買い物リストや予定表、薬を飲むなど日常の大切な習慣、家族の送り迎え、忘れてはいけない誰かの誕生日、好きなテレビ番組がはじまる時間といったことです。書き出しておけば、もう覚えている必要がないため、安心してリラックスできるでしょう。

　瞑想とは、体を（運がよければ心も）深いリラックス状態へ導くことです。訓練を積めば積むほど、瞑想はより深くなっていきます。そして、瞑想が深くなればなるほど、超常現象が起きやすくなります。つまり、瞑想が上手になるほど、それはすばらしい霊的な見返りが得られるのです。

　古典的なリラックス法では、階段を下りていく自分、上へ上へと浮かんでいく自分、エレベーターで下へ降りていく自分の姿を思い描きます。これはどれも、心を徐々に深いレベルでリラックスさせていくためのトリックなのです。

　体をリラックスさせる方法にはこんなものもあります。心のなかで体の各部分を順にリラックスさせていくようすを想像するのです（頭から下へ進んでも、つま先から上へ進んでもよい）。部分ごとに時間をかけて緊張を解いていきます。例を挙げます。「つま先の緊張を解きます。小刻みに動かしたあと緊張を解きます。次

は足です。足の緊張を解きます。足の緊張が徐々に解けていくのを見てください」(p. 20-21のエクササイズも参照)

　本書のどの瞑想の説明でも、その準備についてアドバイスしています。自宅に瞑想用の特別の椅子を用意したり、それを決まった場所においたり、瞑想の前にいつもキャンドルを灯したりするのもよいでしょう。音楽を流したり、体が冷えないように暖かい毛布を用意したりすれば、よい結果につながります。瞑想を日課にすれば、心も体も慣れていき、慣れるにつれて、やがて簡単にリラックスできるようになるでしょう。

　瞑想するたびに必ずメモを取ってください。どんな体験も記録し、天使の瞑想中に見たものを書きとめ、日付も加えます。あとでメモを書き加える必要があるときのために、数行から半ページ位の余白を残しておきましょう。

アファメーション

　アファメーションとはポジティブなことを言葉にすることです。口に出して言っても、書きとめてもかまいません。紙に書いてポスターにしたり、カードに書いて持ち歩いたり、スクリーンセーバーにしたりしましょう。本書では、この力強い道具を利用して天使やガイドとつながる方法を紹介しています。

祭壇と装飾

　天使を思い起こさせる装飾はよく「祭壇」と呼ばれます。それが宗教を思い起こさせて気になるなら、「アレンジメント」など好きなように呼んでかまいません。

　「天使の祭壇」とは天使をテーマにした飾り棚です。そこを美しく飾りつけることで、何かをしよう、何かになろうという意志が生まれます。ヒーリングの場所、祈りや瞑想をする場所、あるいは人生に変化をもたらすための場所なのです。

　儀式や瞑想と同じく、祭壇を飾りつけることで自分の願いに焦点を合わせ、エネルギーを高め、その力を目標に向けるのです。祭壇を掃除したり、うっとりと眺めたりするたびに、願いに対するエネルギーが高まります。敬意を払いながら念入りに選んだものを並べれば、創造性がおおいに高まり、目標の達成が容易になります。

だからこそ、花を交換したり、クリスタルを洗ったり、磨いたりして、祭壇を清潔にしておくことが大切なのです。埃だらけにしていては、「この祭壇にはもう関心がない。これをつくったときの目標なんてどうでもいい」と言っているようなものです。つねに美しく保ち、その目標が達成できたら、飾り直しましょう。見るだけでわくわくするようなものにしましょう。飽きてきたら、新しい物を加えるか、すべて飾り直すべき時期です。

　「天使の祭壇」は問題を解決できるよう天使に手助けを頼むものですから、何か天使の姿をしたものが必要です。本やカード、置物やコインなど、天使が描かれているものならなんでもかまいません。手づくりしてもよいでしょう。

儀式

　儀式とは呪文のようなもので、ある状況でよい結果や変化を起こすためのものです。もちろん、儀式なしで天使に手助けを頼んでもかまいません。しかし、ただアファメーションするだけでなく、キャンドルを灯すこと、クリスタルを飾ること、特定の精油を香らせることを加えれば、天使の祭壇と同じ効果があります。それによって、天使へのメッセージや願いを強固なものにし、必要な宇宙のエネルギーを残らず引きつけることで、求めている結果が得られるのです。

　どんな儀式であれ、人に害を及ぼしたり、人の自由意志を妨げたりしない限り、ある状況にエネルギーを与えてくれるよう天使に頼むことができます。本物の魔法とは自分によい変化をもたらすものであり、すべてはあなた次第なのです。

　よい儀式とは、新しい仕事など、人生によい変化を起こすために、ヒーリングエネルギーやひらめきや支援を求めるものです。天使からひらめきをもらったと感じたら、ためらうことなく変化を起こしてみましょう。

　本書を読み終えるころには、自分なりの方法で天使とコンタクトできるようになったと感じてほしいものです。決まったやり方ではなく、ひらめきを大切にしてください。

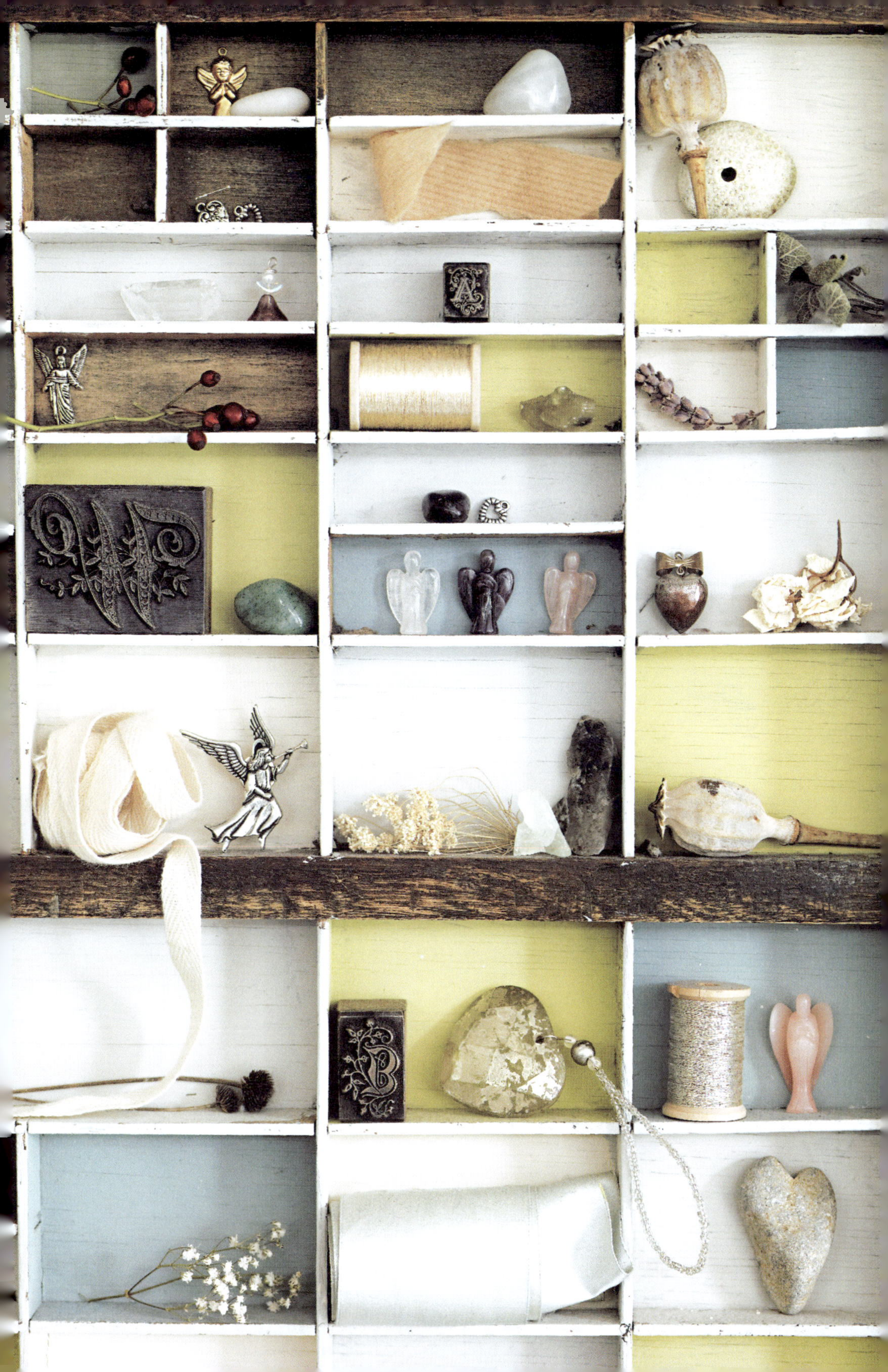

キャンドル

　瞑想の前にキャンドルを灯すことはよくアドバイスします。祭壇でもキャンドルを使ってもかまいません。キャンドルの色やその意味についてすこし説明します。

　天使から別の色を勧められたら、その色にしてください。天使の直観を信じましょう。

キャンドルの色とその意味

色	天使	意味と利用法
黒色	大天使ミカエル	何かを取り除く
ピンク色	大天使ジョフィエル	無条件の愛
青色	大天使ラファエル	ヒーリング
緑色	大天使アリエル	お金、動物
赤色	大天使アズラエル	情熱、ロマンス
黄色	大天使チャミュエル	幸福、子ども
白色	すべての天使	すべてのキャンドルの代用

精油とインセンス

　天使はアロマセラピーの精油にとてもよく反応します。天使はたいてい香りの雲に乗って現れます。薔薇や百合やヒヤシンスといった花の強い香りです。花の香りは人への霊的な贈り物であり、自分が近くにいることを伝える方法なのです。また、ベビーパウダー、アイスクリーム、カスタードを思わせる、みんなの大好きなバニラの香りがすることもあります。

　天使の儀式や瞑想をしたり、自宅に神聖な場所をつくったりするときには、フランキンセンスの香りとエネルギーで空間を満たしましょう。フランキンセンスの精油を使えばエネルギーに満ちた部屋となり、空間の波動が高まり、天使が降りて来やす

くなります。芳香器に入れた水に純粋なフランキンセンスの精油を数滴加えてください。精油は健康ショップやギフトショップなどで手に入ります（安全のためメーカーの注意書きに従いましょう）。

　純粋なフランキンセンスのインセンススティックも効果があります。私が天使とのコンタクトのために使っているもう1つのインセンススティックはナグチャンパです（サイババのナグチャンパは白檀をベースに、天然樹脂やゴム、花やオイルをブレンドした手づくりのもので、純粋ですばらしい香りがします）。

　自分だけの雰囲気をつくり出しましょう！

天使の儀式のためのクリスタル

　このエネルギーの源は見ているだけでわくわくします。クリスタルには未知の力が備わっています。まだ知られていない利用法がそれはたくさんあることでしょう。

　クリスタルの特性はさまざまな本で説明されていますが、私が学んできたのはこういうことです。人間の波動のレベルは気分や健康状態や霊的な成長によって変わるため、惹きつけられるクリスタルも日によって変わります。もちろんクリスタルの本を参考にして選ぶのはかまいませんが、天使にたずねたほうがずっとよいでしょう。

　クリスタルを選ぶときは、熱心な店員やクリスタルにくわしい親切な友人ではなく、必ず直観に従ってください。クリスタルが人を選ぶと言う人はたくさんいます。クリスタルが人を呼ぶのです。私も大切にしてきたものでも、魅力を感じなくなった（あるいは向こうが私に魅力を感じなくなった）クリスタルは人に譲ったり、売ったりしてきました。

　人と同じく、クリスタルも人生に現れては去って行きます。しばらく側にいて、人生を輝かせ、元気づけるのが好きなのです。そして、礼儀正しいお客のように去り時をわきまえています。愛を胸に、この世での善行の旅へと送り出してください。代わりにもっとよいクリスタルが見つかると信じましょう。

クリスタルを選ぶ

　近くにクリスタルの店があれば、自分で選ぶのがいちばんです。しかし、最近では奇妙なクリスタルを売る店が増えました。専門店にこだわることなく、ギフトショップなどで丸くて小さめのものを選んでください。鍾乳洞や古代遺跡や博物館の近

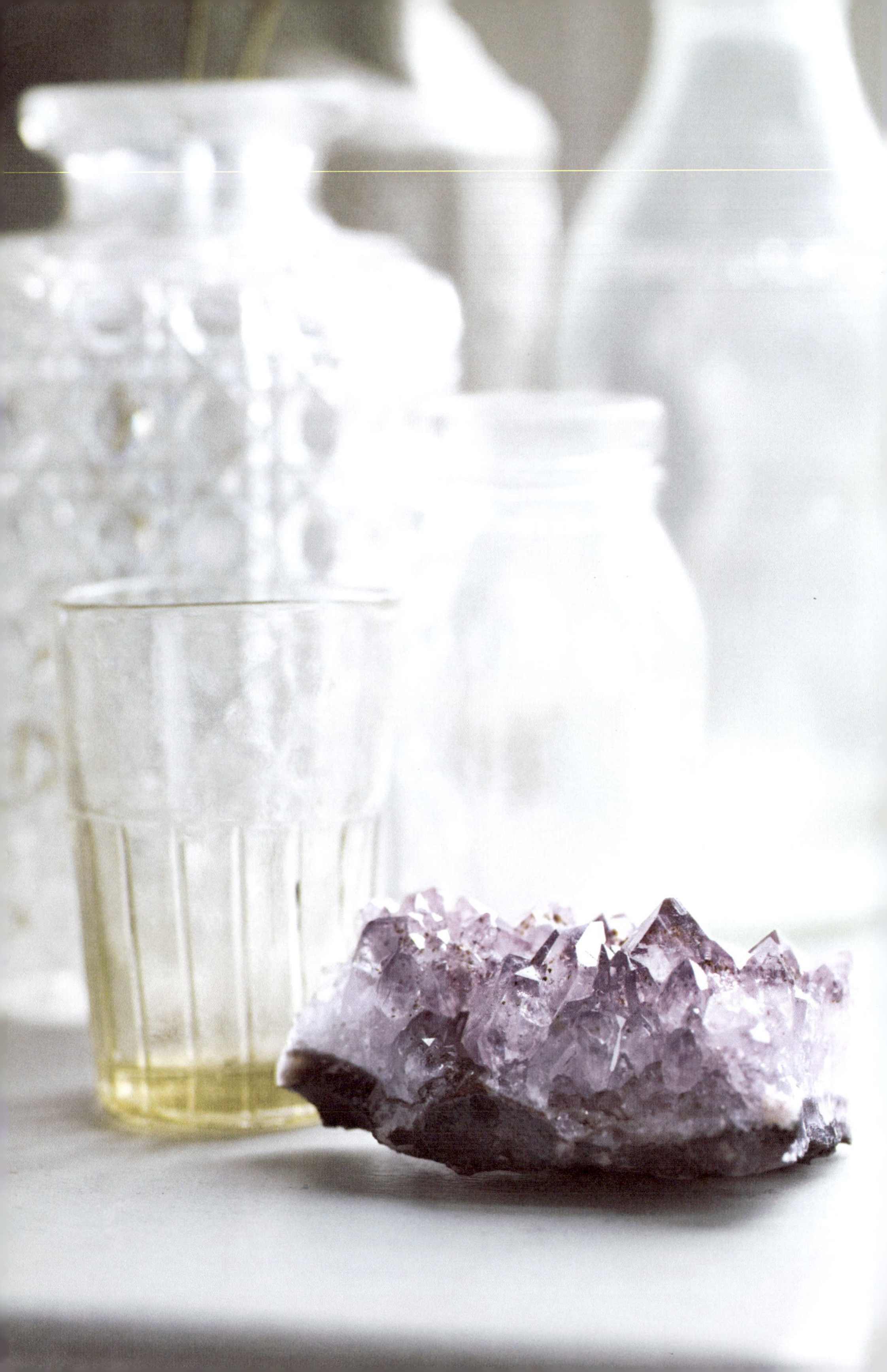

くにある土産物屋にもおいてあるので、チェックしてみましょう。
　まず陳列棚にそって歩き、クリスタルを眺めてください。特に目についたものはありませんか？　色がすばらしいと感じたり、形に惹かれたりするかもしれません。店員に許可をもらってから手に取り、ぐるりと回してあらゆる角度から調べてください。輝きはどうですか？　動かすと色が変わりますか？
　次に目を閉じ、クリスタルのエネルギーを体に取り込み、それをヒーリング、保護、インスピレーションに利用できるか天使にたずねましょう。心に浮かぶイメージに注意を払ってください。次に、「このクリスタルを持ち帰るべきですか？」、「これは私のクリスタルですか？」とたずねます。もちろん、人がほんとうの意味でクリスタルを所有することなどできません。地球からの贈り物として、しばらく借りるだけなのです。
　値段が予算内であることを確かめてください。高すぎるものを買うべきではありませんが、値引きしてくれる店もあります。何度も買いに行けば、気に入ったものを値引きしてもらえるようになるようです。
　普段からクリスタルを扱っている人には、たいてい直観力があり、クリスタルの持ち主がわかります。人とクリスタルとのつながりを感じられる人もいます。支払いは後回しにして、あなたにぴったりのクリスタルを取っておいてくれる場合もあります。頼んでみましょう！

クリスタルの浄化とエネルギー充電

　クリスタルはポジティブなエネルギーもネガティブなエネルギーも集めるため、時々浄化することが大切だと考えられています。浄化とはクリスタルを清める、あるいは中和することで、これにはさまざまな方法があります。
　天然の水の流れで洗うのが理想ですが、澄み切った山水であれば完璧です。無理なら、ボウルに湧き水を入れて洗います。水道水でも何もしないよりましです。大切なのは埃をつけないことです。しかし、クリスタルにはとても繊細なものがあり、水に浸されるのが苦手で、壊れてしまうものもあるので気をつけましょう。すばやく水洗いしたら、日の当たる窓台や安全な屋外（動物や鳥や子どもの手の届かない場所）で自然乾燥させてください。我が家の猫たちは家のなかでクリスタルを転がして遊ぶのが大好きなので、装飾用の固定パテが役に立っています。

煙に当てるという浄化法もあります。クリスタルを焦がさないようにしっかり持って、キャンドルやインセンススティックやスマッジの煙を当てましょう(「スマッジ」とはドライハーブの束のこと。たいていホワイトセージが使われますが、ラベンダーやショウブなどのハーブを混ぜたものもあります。「ワンド」とも呼ばれ、部屋や物や人の浄化に使われます)。

浄化のあとはエネルギー充電を行う必要があります。日光に当てるだけでもよいですが、満月の夜、屋外において、ひと晩、月のエネルギーに浸すのもよい方法です。また、自分の意志の力で充電することもできます。クリスタルを手に取り、宇宙のエネルギーが持つあらゆる力が自分の頭から体に流れ込み、両手を通ってクリスタルに入っていくと想像しましょう。

そして、こう言ってください。「クリスタルよ、汝を宇宙のエネルギーと私の守護天使の力で満たします(3回)。愛と感謝を送ります」

クリスタルに役割を与える

クリスタルに特別な役割を与えたがる人はたくさんいます。たとえば、「車を守るクリスタル」、「猫の世話係のクリスタル」、「職場の机を見守るクリスタル」といったものです。役割を与えるには片手にクリスタルをおき、その上にもう片方の手をおきます。そのクリスタルが新しい場所や自宅で、新しい役割を果たしている姿を心のなかでありありとイメージしてください。そして、クリスタルに話しかけ、してほしいこととその理由を説明します。そのイメージをテレパシー(心と心の対話)で送れば、クリスタルは期待されていることを理解します。

次にクリスタルを胸に押し当て、心臓の拍動を感じさせます。それを1分以上つづけたら、今度はインセンススティックの煙を当てます。

そして、こう言ってください。「私はこのクリスタルに愛と守護天使の力を込めて、〔(具体的に)〕の役割を与えます(3回)。愛と感謝を送ります」

主なクリスタルと効用

本書のアドバイスはどれもそうですが、私の助言に従っても、自分で考えてもどちらでもかまいません。ここでは主なクリスタルと効用を紹介します。

クリスタル	効用
クリアクオーツ	充電能力の強いクリスタル（あらゆる儀式で使用）。ほかのクリスタルのエネルギーを高める（ほかのクリスタルと共に、あるいは単独で使用）
エンジェライト	天使とつながるどの儀式でも役立つ（特に魔術的なもの）
ローズクオーツ	愛情
タイガーアイ	ティーンエージャー向けの儀式
黒曜石	グラウンディングストーン。「地に足をつける」のに役立つ
アメジスト	保護、除霊
ジャスパー	自由（望まない状況からの解放）
シトリン	問題解決、悩み
ムーンストーン	妊娠、ホルモンなど女性の体のバランスを取る伝統的な石

羽根

　羽根は本書で何度か取り上げます。羽根は天使が人に示すいちばん重要なサインでしょう。白い羽根は天使の挨拶で、側にいることを伝えています。白い羽根には、羽ペンのように大きくて真っすぐなもの、白鳥の羽根のように中位でカールしたもの、雛鳥の羽根のように小さくてふわふわしたものがありますが、どれもサインです。羽根にはこんな意味があります。

- 私はここにいます、あなたと一緒にいますよ。
- あなたのことを忘れたことはありません。
- あなたはひとりじゃない。
- 私はあなたを守っています。
- そう、そのサイン、その感触、その感覚を伝えたのは私です。
- 愛しています。
- 困ったときは私が側にいます。
- あなたの話を聞いています。
- あなたを見守っています。
- 私はここにいました。
- 問題を解決しようとしています。
- 今の状況に気づいています。
- 天使が難局に立ち向かうエネルギーを送っています。
- 天使はほんとうにいます。
- あなたの愛する人を守っています。
- あなたが失った愛する人はここにいます。

　問いかけの答えとしての羽根を見つけたら、忘れずに「ありがとう」と言い、そうしたければ羽根を持ち帰りましょう。

実際にあった話
3本の羽根

　ある美しい夏の日、夫カールと息子ジャックと私は、うっとりと庭を眺めていました。物音などほとんど聞こえない静かな日で、私たちは三角形の形に立ち、ただおしゃべりしていました。

　木々の間に大きく広がる空を見上げていると、3本の羽根が舞い降りてくるのが見えました。鳥はまったく見当たらず、まわりは驚くほど静かでした。

　カールとジャックにもそのことを伝えました。やがて舞い降りてきた羽根はばらばらになって、私たちの足元に1本ずつ落ちました。驚きのあまり立ちすくんだまま、私たちはただ顔を見合わせるばかりでした。

　天使は人の側に来たら名刺を残していくという話を聞いたことがあります。こんなことが目の前で起これば、守護天使の存在を信じない人などいないでしょう。それは夢のような経験でした。私たちは今でもあの羽根を持っています。

実際にあった話
大きな羽根のサイン

　今はとてもつらい時期なので、いつも天使に助けを求めていますが、ついに天使からサインをもらいました。先日の朝、高速道路を走りながら、天使に羽根を見せてとお願いました。すると、30秒ほどして大型トラックに追い越されたとき、車体の横に大きな文字で「FEATHER（羽根）」と描かれていたのです。もう大笑いしてしまいました。

天使の翼

　翼を持つ天使が現れたら、それは人のためにそうしているのです。その姿を見ると、人が安心するからです。しかし、天使は人間とは異なり、光の存在であるため、飛ぶための翼など必要ありません。

　けれども、羽根や翼など必要なくても、世界中の人びと、特に子どもの前にはそんな姿で現れます。芸術作品に描かれた姿を見れば、それがわかるでしょう。天使はその姿が人に大きな慰めを与えることを知り、調子を合わせてくれているのです。

羽根の色とその意味

色	意味
白色	いちばんよくある天使の贈り物。「私は側にいます。すべてうまくいきます」
黒色	危機的な状況でもっともよく見られる。「あなたの試練に気づいています。あなたを助け、支えています」
黄色	「おめでとう！ ものごとが問題なく進んでいます」
ピンク色	「サプライズ！」天使はユーモアとすこしばかりのジョークと共に人生にかかわっていますが、人と一緒に笑っても、人を笑うことはありません
青色	「人生に落ち着きを取り戻すべきときです」水辺を散歩したり、瞑想したりして、心を落ち着かせましょう
赤色	情熱と愛情。「愛情の問題を手助けしています」
緑色	「天使が癒しの力を送っています」自分でも心と体を大切にしましょう
灰色	「今のところ何も起きていないようでも、天使は問題に取り組んでいます。天使からのサインに備えてください」天使の導きに従い、天使が問題に対処してくれている間、我慢強く待ちましょう

実際にあった話
お店で見つけた羽根

　ここ数日、夜になると天使に導きを求めていました。クリスタルを探して、ある店に入ると、礫岩が目につきました。そして、それが入っていたボウルに青い羽根がおかれていたのです。店主に羽根を入れたのかとたずねると、いいえという答えが返ってきました。私はそれを天使がくれたサインだと考え、その礫岩を買って帰りました。もちろん、その羽根も！

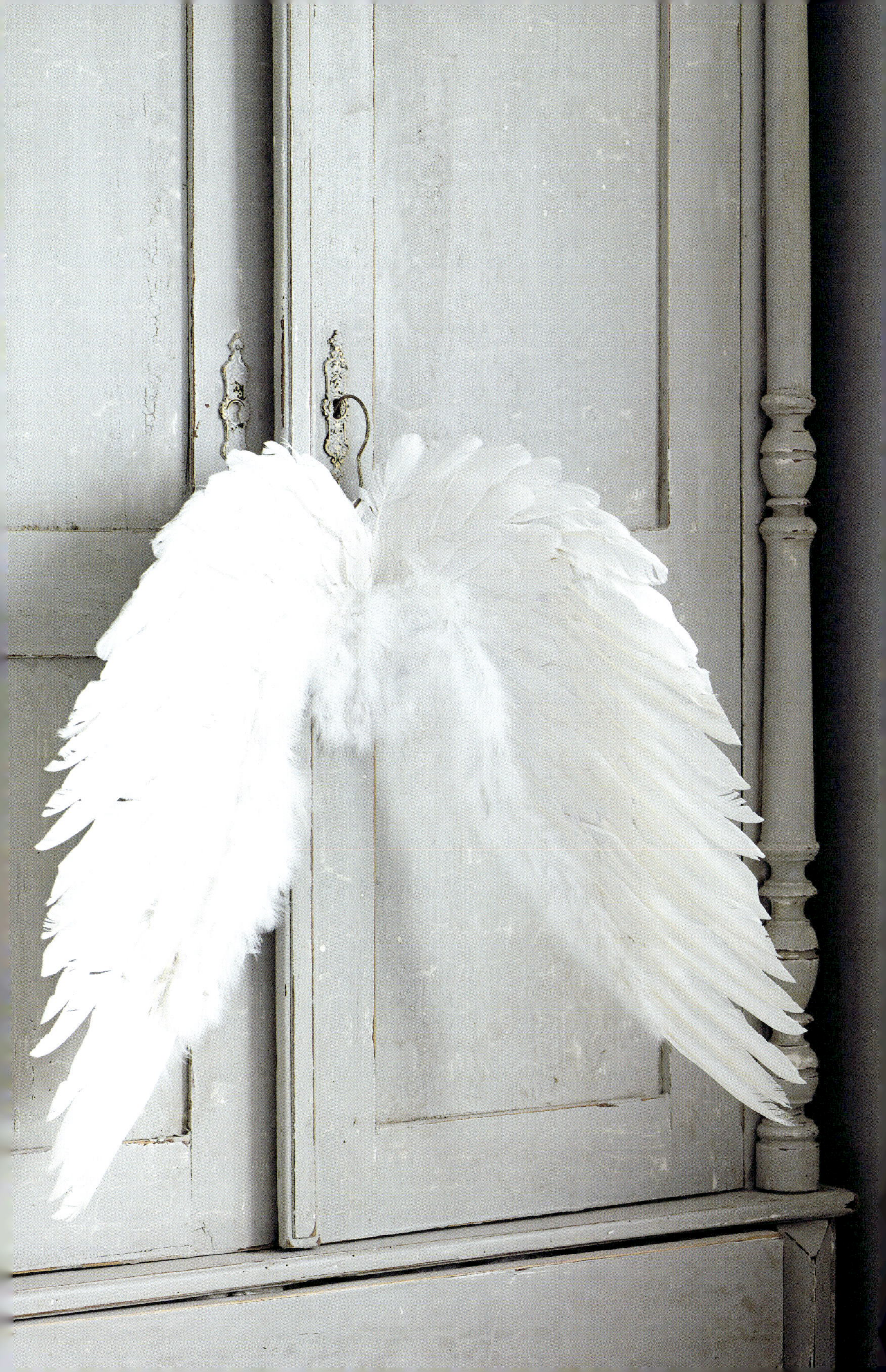

実際にあった話
バスタブに落ちた羽根

ある日、入浴しながら天使の本を読んでいたとき、驚くべきことが起こりました。ページをめくると、1本の羽根が本からバスタブに落ちたのです。ほんとうにびっくりしました！ 自分の目が信じられなかったほどです！ ボーイフレンドに伝えても信じてもらえず、寝室の羽根枕から出たものだと言うのです。そうだとしても、寝室にあった羽根が天使の本から落ちてくるなんて、なんて不思議な偶然でしょう！

羽根の利用法

天使の羽根は工夫次第でいろいろな楽しみ方があります。大きな羽根なら栞にしたり、ランプシェイドに突き刺したり、天使に守ってもらいたい人の写真を入れた額に貼りつけたりしましょう。

天使の羽根を特別な箱や瓶に入れて保管する人もいますが、私は必要としている人に譲るのが好きです。どうするかはあなた次第です！

実際にあった話
天使の置物の下から出てきた羽根

友人たちと天使の物語に夢中になっていた数年前のことです。友人がマルタへ旅行し、金と白に塗られた美しい天使の置物、しかも祝福されたものを3つ買ってきてくれました。あとでわかったのですが、それをもらった3人の誰もが寝室の棚の同じ側に飾りました。毎日、その天使に祈っていると、困ったときに必ず天使が側にいてくれるように感じました。

当時、私は体調を崩し、数週間寝込んだあげく、ついに入院しました。ようやく退院して帰宅したとき、まず寝室へ行くと、いつもの場所に天使の置物がありました。

寝室には埃がたまっていたので、きれい好きな乙女座の私は掃除をはじめました。そして、天使の置物を持ち上げると、その下に真っ白な羽根があったのです。寝室には羽毛布団も羽根枕もなく、入院中にそこに入った人もいません。まさにミステリーです！

私は例えようのない幸福感と安心感に包まれました。そして、今では、これから何が起ころうと天使がそこにいてくれると信じています。

天使の羽根が見つかる場所
　天使の羽根を探す必要などありません。向こうからやってくるからです。天使の羽根は予想もしない場所に現れますが、それはたいてい人がもっともサインを必要としているときです。林や生け垣のまわりを散歩していれば、きっと特別な羽根が見つかります。心配しなくても大丈夫です。どこにいても、必要なときには向こうが見つけてくれるからです。

羽根を求める
　天使から羽根をもらいたいと真剣に思っているなら、1本ほしいと頼みましょう。次のように言ってみましょう。
「光の天使、輝く者よ、今夜、天使の羽根を届けてください」
　眠りにつく前に言ってください。さあ、どうなるでしょう！

実際にあった話
病院の羽根
　私は地域の病院の看護師です。ある夜勤で、同僚とお茶を飲んでいたときのことです。午前2時ごろ、同僚に天使の存在を信じていると言いました。すると、その瞬間、ふわふわとした白い羽根が天井から降りてきて、私の足元に落ちたのです。
　ふたりがどれほど大笑いしたか、想像してください。なんて完璧なタイミング。羽根は4cmほどの長さで、今ではパソコンの横に立てています。夜のそんな時間に、しかも病院のなかに鳥がいたわけがありません。きっと天使の合図だったのです。

暮らしのなかで天使を探してみよう。
天使は今も私の側にいてくれるのだから。

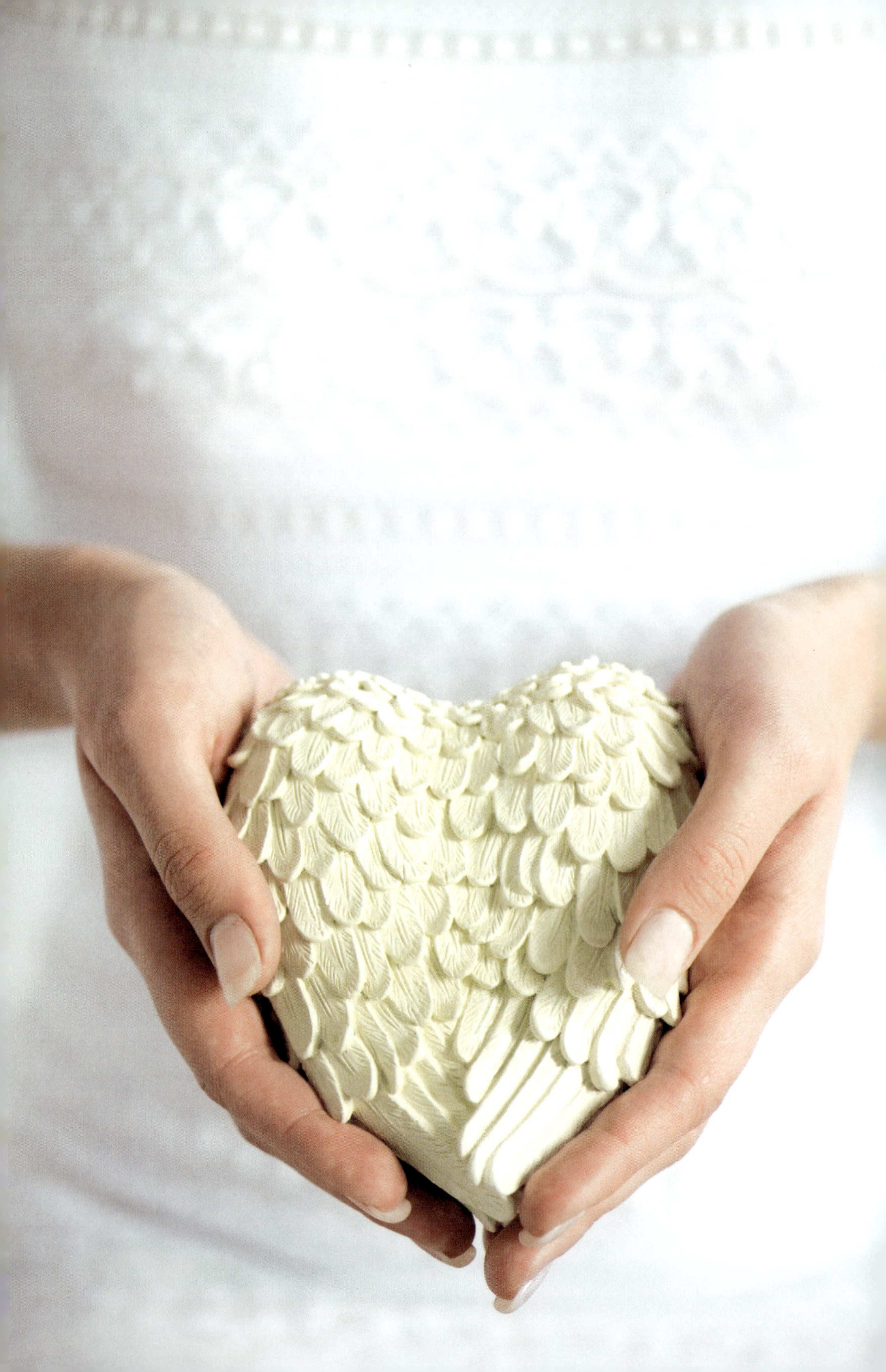

天使と愛

なんの条件もつけず、
私の心にあるものをすべてあなたに与える。

　神が人に与える最大の贈り物は愛です。愛がなくては、心が空っぽで、寂しく、悲しいものです。天使は長所も短所も、最大の実績も最大の失敗も含めて、人のすべてを知っています。しかし、天使の役割は、そういったものを評価したり、批判したりすることではありません。
　守護天使は人の心を見抜きます。過去をすべて知り尽くしたうえで、まったくの無条件の愛を与えてくれます。
　また、天使の役割には、日々の生活がもたらすネガティブな感情や憂うつな気分を取り去るというものもあります。気分を軽くし、重荷を取り除いてくれるのです。
　愛は人生においてとても大切なものです。心に愛があれば、体も元気になります。動作も歩き方も速くなり、生き生きと動けます。内側の輝きは外からも見えるため、人生を楽しんでいることが誰の目にもわかります。
　人の心がいつもそんな状態でいられるよう手助けするのも、地球における天使の役割です。しかし、人が互いに抱く愛など、創造主に対する愛と比べれば小さなものです。天使の役割は、人の心の奥にあるその愛を思い出させ、永遠のものとして表に表させること、つまり、光や悟りや至福をもたらすことです。
　人間の魂は、それはさまざまな形の愛を体験します。パートナーへの愛、我が子への特別な愛、ペットへの愛、友人への愛といったものです。けれども、たいてい

条件をつけたり、相手に依存したりします。相手が愛を返してくれないと空しくなるのはこのためです。

　愛とは心のあり方であり、自分で選ぶものであることを理解していない人はたくさんいます。喜び、悲しみ、楽しみ、不安、混乱、興味、思いやりなどの感情は、自分で選ぶものなのに、人はそれをまわりの人のせいにしています。しかし、人の行動から影響を受けるのは、自分がそれを許したときだけなのです。

エクササイズ
自分を守る泡の瞑想

　このエクササイズによって、無条件の愛を感じることができます。動きやすい衣服を着て、安全な場所に立ってください。手足を伸ばせる場所であれば、居間でも庭でもかまいません。

1　目を閉じ、足を開いて立ちます。次に両腕を伸ばして、体のまわりで大きな円を描いてください。自分のまわりに大きな空間をつくり、指先まで伸ばします。それから腰を曲げて、体を揺らしてください。

2　体を起こし、両手を体の横につけ、足を閉じます。目を閉じたまま、先ほど両腕でつくった空間が1つの大きな白い泡に囲まれ、内部はエネルギーに満ちてい

天使の秘密

愛する人を思うとき、心に愛を抱いてください。よいことだけを考え、自分の心にポジティブなエネルギーを送ります。そして、その人へ愛に満ちた明るい思いだけが流れていくと想像しましょう。人の調子はまわりの人の感情に左右されるからです。愛する人がその守護天使に優しく大切に抱かれている姿を思い描いてください。たとえ今日は厄介な人だと思っても！

ると想像してください。泡は強固で弾力性があります。全身がエネルギーの泡に優しく包まれているのを見てください。この泡はあなたのオーラ、あるいは気の場です。

3　心の目で泡を見ることができたら、泡を膨らませて、もっと大きく、分厚くしてみましょう。頭のなかで想像し、そうなったと信じてください。ここで数分ほど、大きくなったオーラの泡で遊んでください。好きなだけ大きくしましょう。

4　次に、泡へ愛に満ちたピンク色のエネルギーが流れ込んできたと想像してください。守護天使に協力を求めましょう。エネルギーはとても滑らかなものです。ピンク色のエネルギーは純粋な無条件の愛であり、力強く人を守ります。好きなだけ時間をかけましょう。

5　準備ができたら、目を開け、両腕、両脚を振って体を覚醒させてください。元いた場所へ戻りましょう。

終わったら何か飲み物を飲んで、今この場所へ戻ります。失礼な言葉や罵声など、言葉の暴力を受けたときには、心のなかでこのエクササイズをしましょう。自分は愛に満ちた力強いエネルギーの泡に囲まれ、守られていると想像するのです。泡はネガティブなエネルギーを通さず、愛だけを通すと信じてください。安心できたら、そのエネルギーを相手に投げてやりましょう。その反応に驚くかもしれません！

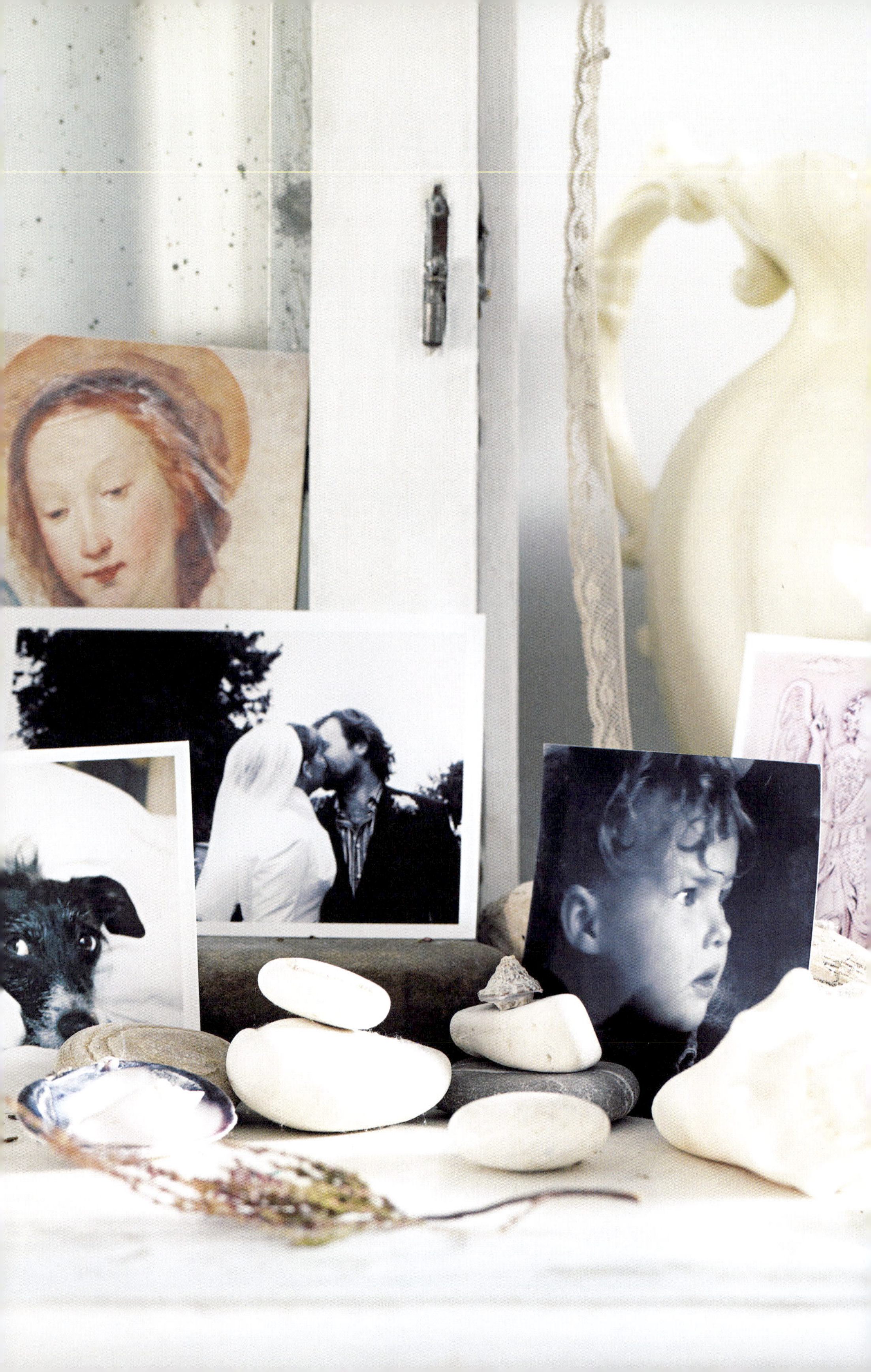

天使はどれほど人を愛しているか

　天使はさまざまな方法で人に愛を示します。それはわかりにくい場合もあれば、とてもドラマチックなものになる場合もあります。会うべき人に会わせたり、優しく守ったりもします。夢のなかでメッセージを伝え、偶然の一致を起こし、言葉をささやくこともあります。困ったときに手を握ってもらった、あるいは肩を抱いてもらったと言う人もいます。天使はいつでも人に手を差し伸べてくれるのです。

実際にあった話
天使の声

　2年ほど前、妻とスコティッシュ・ボーダーズで休暇を過ごしました。よく晴れた暖かい日に、ほとんど車の通らない道路を走っていたときのことです。妻がかけたCDは好みではなかったので、ただぼんやりと運転していました。

　すると突然、音楽に負けない大きな声で妻が何か言いました。私はCDのボリュームを落とし、もう一度言ってくれと頼みました。ところが驚いたことに、妻は何も言っていないと言うのです！　では誰の声だったのか？

　そのときはそれ以上気にしませんでした。しかし、のちにあの声がしなければ、居眠りしていたことに気づいたのです。けっして空耳ではありません。何を言ったのか聞き取れていたらよかったのですが、女性の声だったのは確かです。

自分を愛しなさい

　天使から愛をもらう最良の方法は、まず自分自身を愛することです。頭のなかでうるさく騒ぐ声が聞こえることがありますが、それは自分自身を批判する自分の声です。人は気づいている以上に自分の声を聞いているものです。「あなたはまだまだだよ」、「あなたはもう年寄りだ／若すぎる／やせすぎだ／太りすぎだ」この苛立たしい声がやむことはありません。

　このネガティブな声をポジティブな声に取り替えさえすれば、人生に多くの変化を起こすことができます。そのままでは、けなされ、能力を否定されて、生涯虐待されているようなものですが、たいていの人が日々この状態にあります。最悪の批判者が自分自身なのです。この自己批判をすぐにやめたいと天使に願いましょう。

　人の心のあり方は長年の条件づけの結果で、主な原因は外からの影響です。

子どものころ、「不器用な子だ」、「けっして大物にはなれないよ」と言われたのかもしれません。この条件反応は習慣と同じで、簡単にやめられます。アファメーションによってポジティブな言葉を繰り返せば、内なる声を直せます。愛に満ちた天使と協力すれば、なんでも可能です。その特別な友人の力を借りれば、目標を達成できるのです。

あなたを守る天使に頼む

その声は肩に座っている小悪魔のようなものです。1日中、「お前には無理だ。お前は取るに足らない人間だ」などと言って、あなたを悩ませているのは小悪魔なのです。その口うるさい小悪魔を、力強い天使と取り替えてください。ネガティブな声が聞こえてくるたびに、逞しい天使の愛に満ちたポジティブな声で対抗するのです。ずっと大きくて力強い天使なら、そんな声など押し戻してしまいます。下に例を挙げます。

ユーモアを加えて、大きくて逞しい天使が人の肩にいる小悪魔を追い払うようすを想像する人もいます。小悪魔は必死に抵抗しますが、逞しい天使がすぐに追いやってしまいます。そうなれば聞こえてくるのは、ポジティブで思いやりにあふれる

批判する声	褒める声
お前は役立たずだ。	あなたは優れている。
お前には経験がない。	あなたは必要なことをなんでも学ぶことができる。
お前ひとりではできない。	あなたは強くて有能だ。
お前は太りすぎているせいで何もできない。	私は健康的な食事をして、自分の体を思いやっている。
お前は醜い。	私は美しい／ハンサムだ。
お前を好きな人などいない。	私にはすばらしい友人がたくさんいる。

> ## 天使の秘密
> 天使は目標の達成を手伝うのが大好きですが、魔法使いではなく協力者になりたがっています。天使に問題解決を願うのではなく、問題解決に力を貸してくれる人を送ってほしいと願いましょう。友人にすこし力を借りただけで目標が達成できれば、きっとおおいに自信が持てるでしょう。

声だけです。小悪魔の口をテープで閉じてしまう天使など、ユーモアいっぱいの想像をしてエクササイズをつづけましょう。おおいに楽しんで、自分だけのイメージを描けばいいのです。

ネガティブな声が聞こえたら、すぐさま肩をゆすりましょう。見せかけだけでも自信満々に胸を張ってください。必要なら、天使に頼んで、ポジティブで思いやりにあふれる声をかけてもらい、ネガティブな声と取り替えましょう。とにかく訓練あるのみです！ 2週間つづけてください。それが過ぎるころには、やめたくなくなっているでしょう。

実際にあった話
天使がくれたエネルギー

別居して1年ののち、ようやく離婚が決まりました。12年の結婚生活が終わったとき、私は心身ともに疲れ果てていました。虐待のせいで不安にさいなまれ、うつ状態になっていたのです。

そんなある夜、ベッドに座り、明日の予定について考えていたときのことです。翌日は居住権と息子たちへの訪問権を取るために裁判所へ行く日でした。でも、元夫と顔を合わせるのが嫌でした。

そこで、私は天使にこう願いました。「天使よ、ずいぶん長い間お願いしませんでしたが、どうか力をお貸しください。私に強さを与え、緊張を解いてください」

そう願ったとたん、体中に温かいエネルギーが駆け巡るのを感じました。頭から真っすぐ足元へと流れていったのです。天使とつながるのは久しぶりで、そのすばらしさを忘れていました。すっかりリラックスした私はぐっすり眠り、翌朝はとても落ち着いた気分で目覚めることができました。

朝日を浴びながら裁判所へ車を走らせていると、ラジオから大好きな曲が流れ、一緒に歌っているうちに元気が出てきました。裁判所ではすべてがうまくいき、うれしいことに勝訴しました。まさに肩の荷が降りた思いでしたが、きっと天使のおかげです。天使が側にいてくれることを実感したので、これからは助けを求めることをためらったりしないでしょう。

エクササイズ
愛に満ちた アファメーションをする

1 ポジティブな言葉を書き出すか、タイプしましょう。守護天使はあなたの努力を支える愛情深い親やコーチのようなものだと想像してください。そんな存在だとしたら、今のあなたになんと言うでしょう？ それを自分の言葉にしましょう。自分自身を愛にあふれたガイドにするのです。アファメーションは、「私は」からはじめます。これから起こることではなく、すでに実現したことのように言ってください。例文をいくつか示します（自分で考えてもかまいません）。

- *私は健康で、幸福で、エネルギーにあふれている。*
- *私はすばらしい成績で試験に受かった。*
- *私は目標達成に必要なものをすべて持っている。*
- *私は大好きな仕事に就いている。*
- *私は愛と信頼に満ちた人間関係を築いている。*

2 アファメーションを書きとめたメモを冷蔵庫やナイトテーブルに貼りましょう。浴室の鏡に留めておくのもよいでしょう。毎日、何度も目にする場所ならどこでもかまいません。いくつもの言葉を一緒に貼っても、1つの言葉を家中に貼ってもよいでしょう。

ソウルメイトの贈り物

　大天使は力と威厳を備えた存在です。その役割は数多くあります。愛に満ちた関係を担当している大天使はチャミュエルで、ソウルメイトとの出会いを手助けします。ソウルメイトにはさまざまなタイプがありますが、どの生涯でも共に過ごし、人の学びと成長にもっとも役立ってくれます。

　ソウルメイトは恋愛の対象とは限らず、父親と息子、兄と妹であったりします。ソウルメイトのグループがあり、その人たちと一緒に転生することを選ぶ場合もあります。今の人生のソウルメイトは、どのように役立っていますか？　天使に手助けを

天使の秘密

人生で出会うすべての人を好きになるのは簡単ではありません。これは天使も理解してくれます。けれども、天使は誰であれ愛することを求めます。気に入らない人を愛するのはとてもむずかしく、訓練が必要です。その人をありのまま受け入れられるよう、必要なだけ努力しましょう。

頼み、ソウルメイトからの贈り物のリストをつくりましょう。

　たとえば、伯母さんが何年も体の調子が悪いとしましょう。あなたはその世話にかなりの時間を取られ、週に数回は会いに行き、買い物にも連れて行きます。この場合、伯母さんがくれる贈り物は何でしょう？　無条件の愛、忍耐力、思いやり？

　次に、弟がいつもあなたの部屋を散らかすとしましょう。弟は友だちと一緒にいたずらばかりします。そんな弟が恥ずかしくて、自分の友だちを家に招くことができません。弟の贈り物は何でしょう？　適応力、忍耐力、寛大さ？

　贈り物をリストにすれば、その人たちがその贈り物を与えるために、この生涯であなたと出会うことを選んでくれたことがわかるでしょう。人は互いに助け合っています。助けられていることに気づき、もっと寛大に人を見ることができますか？

　つい人を批判してしまいがちですが、誰もが独自の旅の途中で、地球は旅のさまざまな段階にいる人であふれています。赤ん坊に車の運転を期待する人などいないでしょう。成長段階を考えれば、赤ん坊には無理だとわかっているからです。気長に待てば、赤ん坊の魂は成長し、愛を注げば、その魂は（願わくは）愛にあふれた思いやり深い人間へと成長していくのです。

　こう考えて、あなたのまわりで人生と格闘している人たちを見守りましょう。老人でも魂はまだ幼いのかもしれません。見かけは当てになりません。小さな子が誰より賢い魂である場合もあります。人がどんな人生を強いられ、その旅でどんな問題に立ち向かってきたのかは、まずわからないものです。

　天使は生きていくことそのものが大切な目標だと教えてくれます。そして、何より大切なものが愛なのです。

エクササイズ
ソウルメイトに感謝する

　目を閉じて、今、人生でかかわりのある人たちのことを考えてください。同僚や隣人、従兄弟、近所の店で働く人たちのことです。よく会いますか？　よい意味で、あるいは悪い意味で、あなたの人生に影響を与えていますか？

1　用紙の上部に人生でかかわりのある誰かの名前を書き、目を閉じてください。その人の顔が目の前にあると想像しましょう。その人をどう思っています

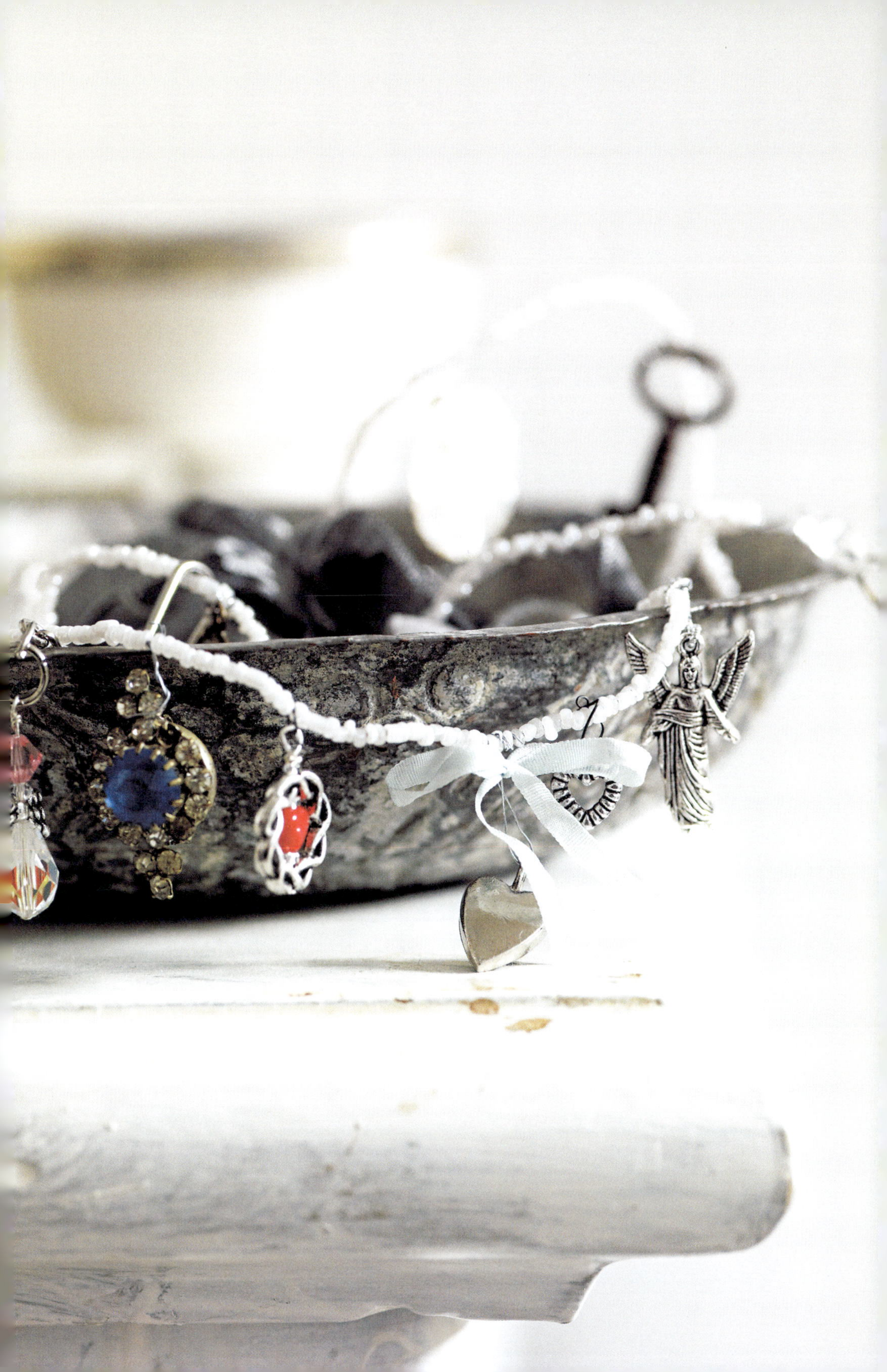

か？　その人とのどんな場面を思い出しますか？　一緒にいると楽しいですか、悲しいですか、いらいらしますか？　人生で出会う誰もが贈り物をくれます（言い争いをしたり、嫌いな人だったりすると、贈り物が何なのかわかりにくいかもしれません）。その人が与えてくれる贈り物を書き出しましょう。

2　人生でかかわりのある人それぞれに用紙を準備し、同じことを繰り返してください。

3　すべての人の名前と贈り物を書き出したら、その1人ひとりに無条件の愛を送るよう天使に頼みましょう。そして、ソウルメイトに協力を感謝してください（心のなかではなく、実際に会って感謝したほうがよい場合もあるでしょう！）。

死後の愛

　人生に終わりはあっても、愛に終わりはありません。あの世へ旅立った人との愛は、生涯、私たちと共にあります。思い出も共にあります（記念日を忘れないように書きとめておきましょう！）。その人の本質はつねに私たちのまわりに存在します。その人を思い出しさえすれば、つながることができるのです。

　あの世の愛する人からメッセージをもらった話は数多く聞きます。次の実際にあった話は特に不思議なものです。虹は、あの世からの愛のメッセージとしてよく使われるすばらしいサインです。こちらから呼びかけて、愛を送り合いましょう。

実際にあった話
虹のかなたに

　母が逝ってから1年半になります。当時はわかりませんでしたが、あれは母の最期の日でした。老人ホームのベッドの側で母の手を握っているとき、クリスマスキャロルが聞こえていました。すると突然、それが『虹のかなたに』の歌に変わったのです。おかしな話ですが、そのときの私は、母が私に歌ってくれていると本気で思っていました。

　歌詞を聞いていると心が落ち着きました。その歌は私にとって大切なもの、2人の歌になったのです。不思議なことに、後日、娘がキッチンへ入ると、娘の夫

がまるで母のあとを引き取ったかのようにその歌を歌っていたそうです。

　もっと不思議なことが起きたのは、そのあとです。息子と一緒に、4歳の姪クレアが『虹のかなたに』を歌うのを聞いていたときのことです。クレアが息子にこの歌を聞いたことがあるかとたずねました。すると息子が、おじいちゃんと一緒に歌ったものだと答えたのです。私の死んだ父と！　それを聞いて、心から安心しました。あのとき、老人ホームに父がいて、母を無事にあの世へ連れて行ってくれたのだとわかったからです。

　そして、母の葬儀を準備していたときです。担当者に白い棺はあるかとたずねると（なぜたずねたのかはわかりません。母とそんな話をしたことはなかったからです）、なんと虹の描かれたものがあったのです。私は驚くと同時に泣き出してしまいました。その棺を買ったのは言うまでもありません。

　母は折々に虹を送ることで、側にいることを伝えていたのでしょう。虹のおかげで明るい気分になれました！

私は愛されている。私は愛である。

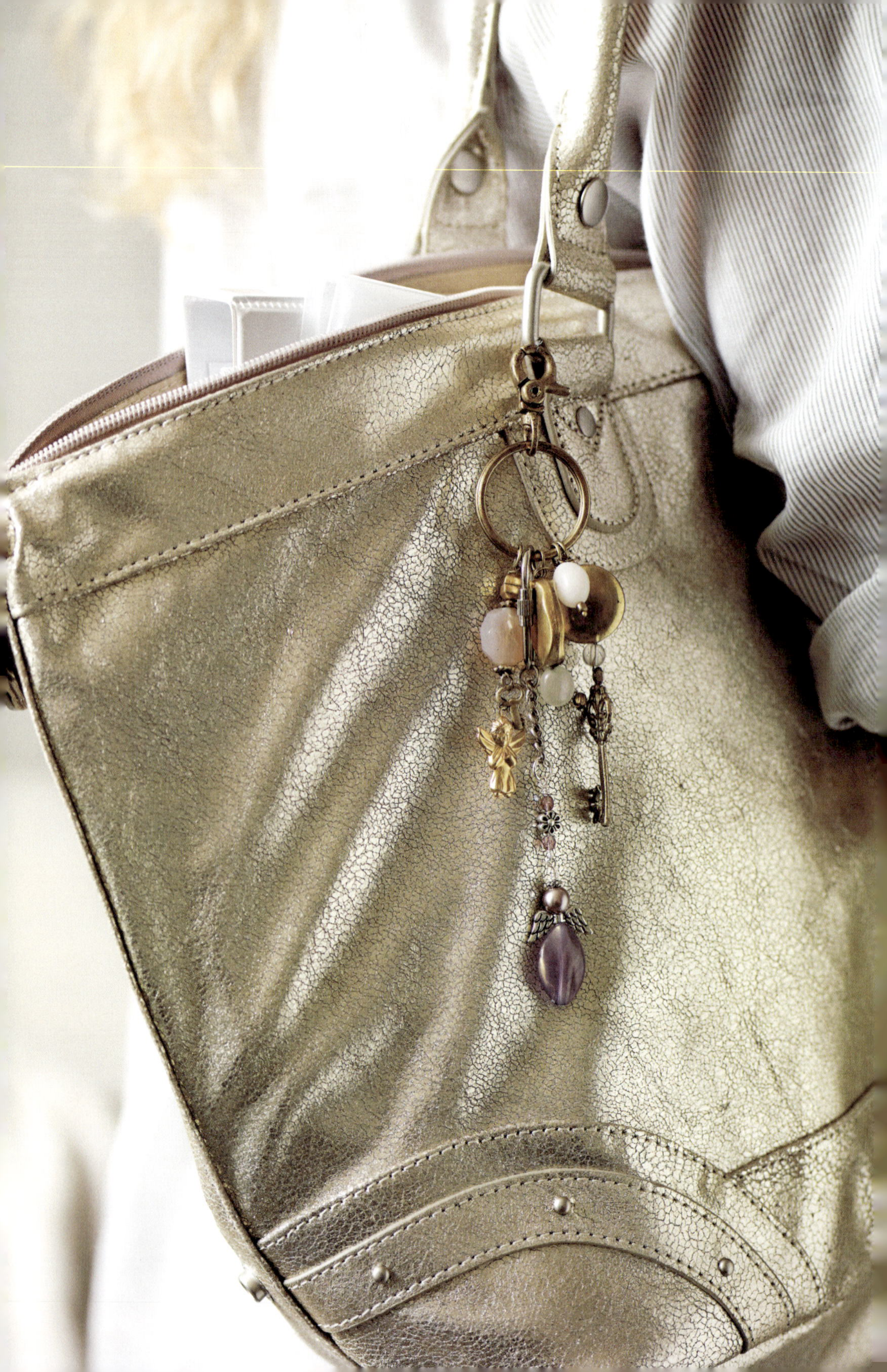

天使とキャリア

私はあなたを導き、
満足できる仕事に就かせ、
チャンスを与える。

　キャリアは人の定義だと考える人はたくさんいます。「あなたはどなた？」と訊かれたり、「あなたのことを教えてください」と促されたりすれば、「看護師です」、「銀行に勤めています」、「建築業者です」のように、まず職業から答えます。

　けれども、キャリアが賃金をもらうものである必要はありません。たとえば、地球上でいちばん重要な役割は、母親や父親という役割です。その場合、あなたのキャリアは、子どもを育て、分別のあるりっぱな大人にすることです。さらに、手工芸、家事、慈善活動など、賃金を求めることなく自分の時間を捧げることもキャリアでしょう。

　天使はすべての役割を見守り、努力し、苦労している人の側にいます。満足感の得られる仕事を見つけるのは簡単ではありませんが、天使が喜んで手助けしてくれます。また、守護天使だけでなく、適切なときに適切な場所にいて、人のキャリアの運命を開いていく特別な天使もいます。天使それぞれに担当する仕事があります。天使にもキャリアがあるのです！

　天使は人がこれから歩む人生の計画（人が生まれる前に自分で選んだ人生とレッスン）を知っています。キャリアもほかの人生の選択と同じく事前に計画されたものです。人は生まれ持った才能を最大限に生かせる役割を選びます。面白みを感じられない仕事をつづけるのはよくありません。それでは「選んだ道」を進ん

でいないからです。月曜の朝や仕事の制服を着たとき、職場の前まで来たときに、いつも嫌な気分になるなら、そんな状態にあるのでしょう。

　魂の成長とは、今ある才能を生かしつつ、さらに新しいことを学んでいくことです。天使は、大きな喜びを感じる仕事を見つける手助けをしてくれます。仕事とは、経済的に恵まれていれば、喜んで無償で行うようなものであるべきです。そんな喜びを感じられないなら、今こそ行くべき場所へ行けるよう天使に導きを求めましょう。

天使を職場へ連れていく

　天使に頼んで、職場まで一緒に行き、1日、側にいてもらいましょう。それが危険な場合もあります。危険がなくても、あまりに多くの天使を連れ歩くのはやめましょう。車やバスや自転車に乗ったり、歩いたりしている間、天使が頭上の雲に乗ってついて来ると想像してください。

　車のバンパーに天使のステッカーを貼ったり、バッグに天使のコインを入れたり、鍵を天使のキーリングにつけたりすることで願いを示してください。

天使の秘密

天使は人をすばらしい仕事へと導きたがっています。導きのサインを待ちましょう。好きなデザイナーの店の前に白い羽根があったら、キャリアの選択として服飾はどうかという誘いかもしれません。レース場にいると興奮のあまりレースカーのような速度で心臓が打ったりしませんか？　それなら、車に関連した仕事を考えるべきかもしれません。天使がくれるキャリアのサインに注意し、胸がわくわくしたなら、それが答えです。

どこにでもいる天使

電車やバスを利用しているなら、通勤中に使える時間があるでしょう。安全な環境なら、毎日、瞑想したり、天使と会ったりするのに最適な時間となります。

目を閉じることができなければ、精神世界の本を読んだり、天使の音楽を聴いたり、天使ノートに願いや思いついたことを書いたりしましょう。1分の時間も無駄にしないでください！

大天使メタトロン――キャリアの天使

姿――たいていノートと羽根ペンを持ち、豪華な衣装をまとった姿で描かれます。

関連するもの――記録管理、対人関係、職業、若者、霊能力

キャリアを担当している大天使はメタトロンです。「存在の天使」であり、神のもっとも偉大な天使と呼ばれることもあります。この名前には「神のようなもの」、「私の名が彼のうちにある」という意味があるようです。天の聖職者と呼ばれることもあり、名前そのものに不思議な力があると信じる人もいます。

メタトロンの名前は、伝統的なもののように「エル」で終わっていません。名前の由来は「超越」と「玉座」という意味の2つのギリシャ語のようです。そんなにも力強い天使だと信じられているのは、神の玉座の隣に座る天使だと考えられているからです（神の側で、宇宙における人間と生き物のあらゆる思考や行動を記す生命の書を記録しているようです）。また、人間関係を得意分野とし、同僚の間で強い絆を築く手助けをするため、職場で重要になる存在です。

仕事の天使

メタトロンはどんなキャリアも担当します。もちろん自分の守護天使の助けを求めてもかまいません。ただし、天使にはそれぞれ担当があります。

天使	担当する仕事
アリエル	動物や鳥に関係した仕事
チャミュエル	デザインや演技、芸術や建築など創造的な仕事
ガブリエル	コミュニケーション関連
ハニエル	神秘主義、聖職者
メタトロン	司書、簿記、著述業
ミカエル	警備、軍隊
ラギュエル	管理、会計、法律、人間関係、カウンセリング
ラファエル	ヒーリング、看護、治療
ラジエル	科学、発明
サリエル	アドバイザー、教職、訓練者
ウリエル	天候、環境

メタトロンはユダヤ教とイスラム教、そしてキリスト教のいくつかの宗派で認められている存在です。主な役割は記録の保管者、天国の書士ですが、指導者やガイドとして考えられる場合もあります。大天使メタトロンに、職場での手助けやむずかしい会議への同席を頼んだり、新しい仕事を学んでいる変化の時期に力を貸してもらったりしましょう。

エクササイズ
キャリアのエネルギーを高める

1 天使の姿をしたクリスタルを選び、固定パテを使って、職場のコンピューターなどに取りつけてください。昼休みには両手で握り、下記のように力を与えましょう。天使の置物は、職場で人を見守るほんとうの天使の象徴です。

2 天使を持ち、こう言ってください（心のなかでもかまいません）。
- クリスタルの天使よ、私の職場／机／オフィス（適当な言葉を入れる）へ来てください。
- 周囲のエネルギーのバランスを取り、仕事に喜びと満足感をもたらし、ポジティブなものだけをこの空間に入れてください。
- ありのままの私から、ありのままのあなたへ、感謝の気持ちを送ります。

ときどき清潔な水でクリスタルの天使を洗い、ペーパータオルで乾かしてください。晴天の日には屋外で日光に当て、新鮮なエネルギーを充電しましょう。

エクササイズ
理想のキャリアを見つける瞑想

このエクササイズでは、天使のキャリア・カウンセラーに会ってもらいます。目を閉じ、緊張を解いたら、はじめましょう。

1 まず2、3回深呼吸してください。鼻から息を吸い、口から吐き出します。吸って吐いて、吸って吐いて、リラックスします。体中から緊張が残らず消えていくのを感じてください（背後に天使が立ち、体の緊張を吹き飛ばしてくれていると想像するのもよいでしょう）。これで緊張が取れ、カウンセリングの準備ができました。

2 美しいウォークイン・クローゼットへ入っていく自分を想像してください。なかは明るく、大きな鏡が並び、まわりは衣装でいっぱいです。その衣装はキャリア

の選択を表しています。天使の助けを借りて、自分にぴったりの衣装を見つけましょう。

3　鏡の前に立ってください。とてもすてきですよ。一度深呼吸し、目の前に立っている自信に満ちた人をほれぼれと眺めましょう。ここで、天使が両手をさっと振って、魔法のようにあなたを着替えさせてくれます。その衣装は、あなたがやってみたいと思っている仕事にぴったりのものです。あなたは何を着ていますか？　仕事は何ですか？　それを着るとどんな気分ですか？　しっくりと馴染んでいますか？

4　新しい仕事の衣装を身に着けた感覚を味わってください。楽しいですか、不安ですか、恐怖を感じますか？　その衣装を心地よいと感じるなら、天使に頼んで新しい仕事を試させてもらいましょう。興味のある仕事をしている自分を思い描き、実際に職場にいるかのように働いてください。楽しければ、そのままつづけましょう。どんな人たちと会っていますか？　夢みていた仕事をするのはどんな気分ですか？

5　別の仕事もやってみたければ、クローゼットへ戻ってください。天使が別の仕事の衣装を用意して待っています。エクササイズを初めから繰り返しましょう。

> ### 天使の秘密
>
> 自分がオフィスの天使になることで、職場の天使の手伝いをしましょう。どんな職場でも、同僚たちに小さな喜びを与えることができます。頼まれもしないのにコーヒーを持っていったら、ボスは感謝してくれるでしょうか？　締切りに間に合わせるために、今夜すこし残業できますか？　同僚に励ましが必要な人がいますか？　今日、出勤したら、いつもとは違うちょっとした何かをしたり、同僚のために何かをしたりしましょう。天使にインスピレーションを求めてください。

6　準備ができたら、目を開けて、元いた部屋へ戻ってください。発見をたくさん持ち帰ったことでしょう。体験したことのメモを取ってください。

夢の仕事を目指す決心がつきましたか？　まだなら、もう一度エクササイズをしましょう。ときにはクローゼットで、考えたこともない仕事の衣装を着せられ、驚くこともあるでしょう。その衣装でエクササイズをしてみましょう。天使にキャリアのアドバイスをしてもらうのです。楽しんで瞑想してください。

天使に導きを求める

天使とつながりたければ、ただ助けを求めればよいと言う人もいます。これはある意味正しいです。けれども、天使から答えをもらうのはまったく別のことです。「最良のアドバイス」をもらうには、心を開いてリラックスしなければなりません。次のようにやってみてください。

● 小川や泉など、流れる水の近くに座ってください。水音を聞きながら、ただリラックスして雑念を払い、水の流れる音とその感覚にだけ集中しましょう。途切れなく聞こえる水音が、あなたを意識変容状態（白日夢を見ている状態）にします。こんなふうにリラックスしているときのほうが、天使が人とつながりやすいので

> ## 天使の秘密
>
> あなたの人生はどの領域でもバランスが取れていますか？ 自分にこうたずねてください。「今週、家族や友人やペットと一緒に過ごしただろうか？」「食事に気をつけ、体をいたわっているだろうか？」「散歩や瞑想など、1人で静かに考える時間を持っただろうか？」人生は仕事だけ、遊びだけではありません。仕事ばかりしているなら、何か方法を見つけて、バランスを取り戻すための変化を起こすべきです。休息を取るか、天使に助けを求めましょう。働きすぎて、疲れ果てていませんか？ 天使は今もあなたを見守ってくれています。

す。つながりを感じたら、天使に質問してください。

● 聖書や祈祷書など宗教の本を持ち、心のなかで質問したあと、無作為にその本を開いてください。そして、天使に、ふさわしい文章か段落に導いてくださいと頼みます。古代ではこの方法で占いをしたり、神のお告げをもらったりしていました。神から遣わされた天使が進むべき道へ導いてくれるよう、あるいは仕事やキャリアにかかわる決断を助けてくれるよう求めましょう。

● カードやきれいな用紙に金色か銀色のマジックペンで質問を書きます（普通のペンでもかまいませんが、金色や銀色にすると、全体が重厚で特別な雰囲気になります）。インキが乾いたら、枕の下に入れて眠ります（幾晩もつづけて行う必要があるかもしれません）。天使は夢のなかで質問に答えるのが好きです。夢に答えを象徴するものが現れたり、特定の人物や完璧なアイデアを思いついたり、夢から覚めるときに言葉を聞いたりするでしょう。

休息を取る

キャリアは大切なものですが、自分や家族のために、あるいは心身の健康のために時間を割くのも大切なことです。何より重要なのはバランスです。自分で気をつけられないなら、天使が促してくれるでしょう。

私の友人の話です。家庭内のごたごたに押しつぶされそうになっていたとき、

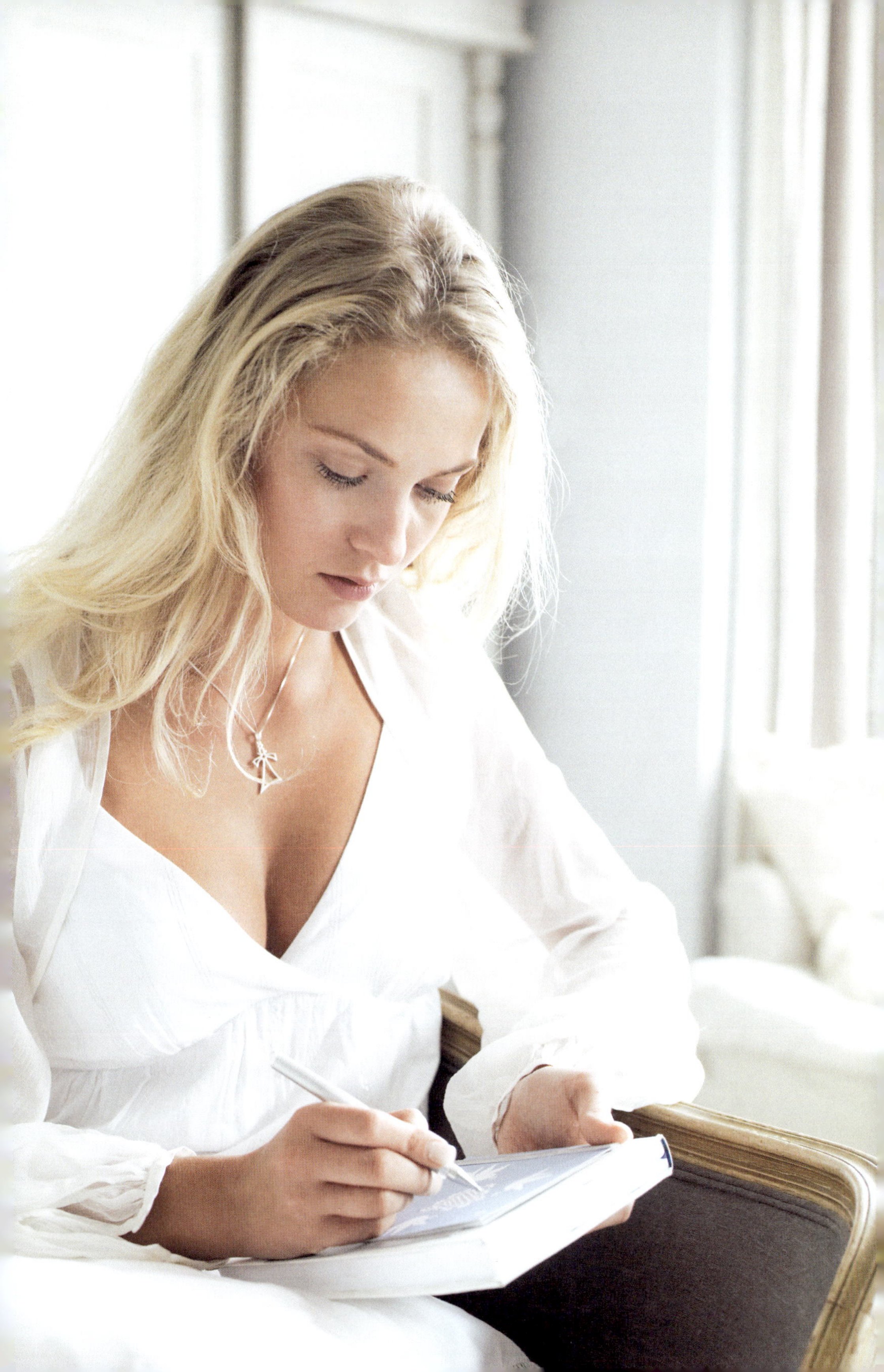

急に病気の知人が滞在することになりました。たくさんの問題を抱えているのに、知人の世話も加わったのです。おまけにその人は横柄で要求が多いうえ、予定よりずっと長く居ることになりました。そんなある日、友人は転んで足首を骨折してしまいました。すると、車での送り迎えがしてもらえなくなったその知人は別の人に依頼したのですが、なんと骨折した友人の世話まで手配してくれたのです。天使が友人に休息を取らせてくれたのでしょう！

これはドラマチックな例ですが、普通はこんな痛い思いをしなくてもすむようです。あなたには休息が必要ですか？　天使が力を貸してくれるかもしれません。助けを求めましょう。

実際にあった話
私を見守る天使

10年ほど前、1人暮らしのころ、めまいや不安発作がつづき、失神することさえありました。医師の診断によれば、原因はストレスでした。

ある夜、夕食のためにフライ用の鍋を火にかけました。油が熱くなるのを待つ間、お茶をいれ、ソファに座りました。次に覚えているのは、起きなさい、鍋を見なさいと言う声が聞こえたことです。とても疲れていたので、最初は聞き流しました。夢から覚めた直後のようにぼんやりしていたのです。けれども、その声は何度もしつこいほど繰り返されました。ソファで意識を失っていた私は、身を引きずるようにしてキッチンへ入っていくと、言われたとおり鍋を見ました。

すると鍋から煙が出はじめていたのです。すぐに火を止め、自分が幸運にも災難を逃れたことに気づきました。

疲れ果てていたので、またソファに倒れ込みました。気がつくともう朝で、私は服を脱いでベッドに横になっていました。亡くなった祖母が守護天使になって、休養が必要な状態の私を見て、火事から救ってくれたのでしょう。あの日、誰かに見守られていたことを知り、とても慰められました。

> ### 天使の秘密
>
> 天使の助けを借りれば、職場の波動を高めることができます。可能なら、職場に花を活けたり、鉢植えの植物を持ち込んだりしましょう。車を使う仕事なら、天然の花の精油を使って車内を香らせましょう（人工の香料には精油と同じ効果はないので使用しないこと）。

理想の仕事を見つける

　理想の仕事はどうやって見つけますか？　新聞の求人広告を見たり、キャリア・アドバイザーやハローワークを訪れたりするのもよいでしょう。しかし、それで見つかるでしょうか？

　多くの人がどんな仕事をしたいのかわからないまま就職し、満足できない仕事をしています。それは、現在の世界では、人は貨幣制度のもとで物の代価を支払いながら生活しているから。家も食べ物も衣服も医療費もお金を払って手に入れます。つまり、生きていくためには収入が必要なのです。

　好きなことを仕事にすればよいことがわかりますか？　仕事がつらいものである必要はありません！　好きで得意な分野の仕事を探すことが成功への鍵です。「好きなことをしていれば、お金はあとからついてくる」と誰かが言いましたが、確かにそうです。独立することもできます。成功とはお金をたくさん稼ぐことではありません。大切なのは、心が満たされることです。

エクササイズ
自分の才能を見つける

　どんなことに喜びを感じますか？　得意なことは何ですか？　余暇には何をしますか？　こういったことがヒントになります。

1　天使ノートの新しいページを開いて、今日の日付を入れてください。そして、いちばん上に「私のすべて」と書きます。

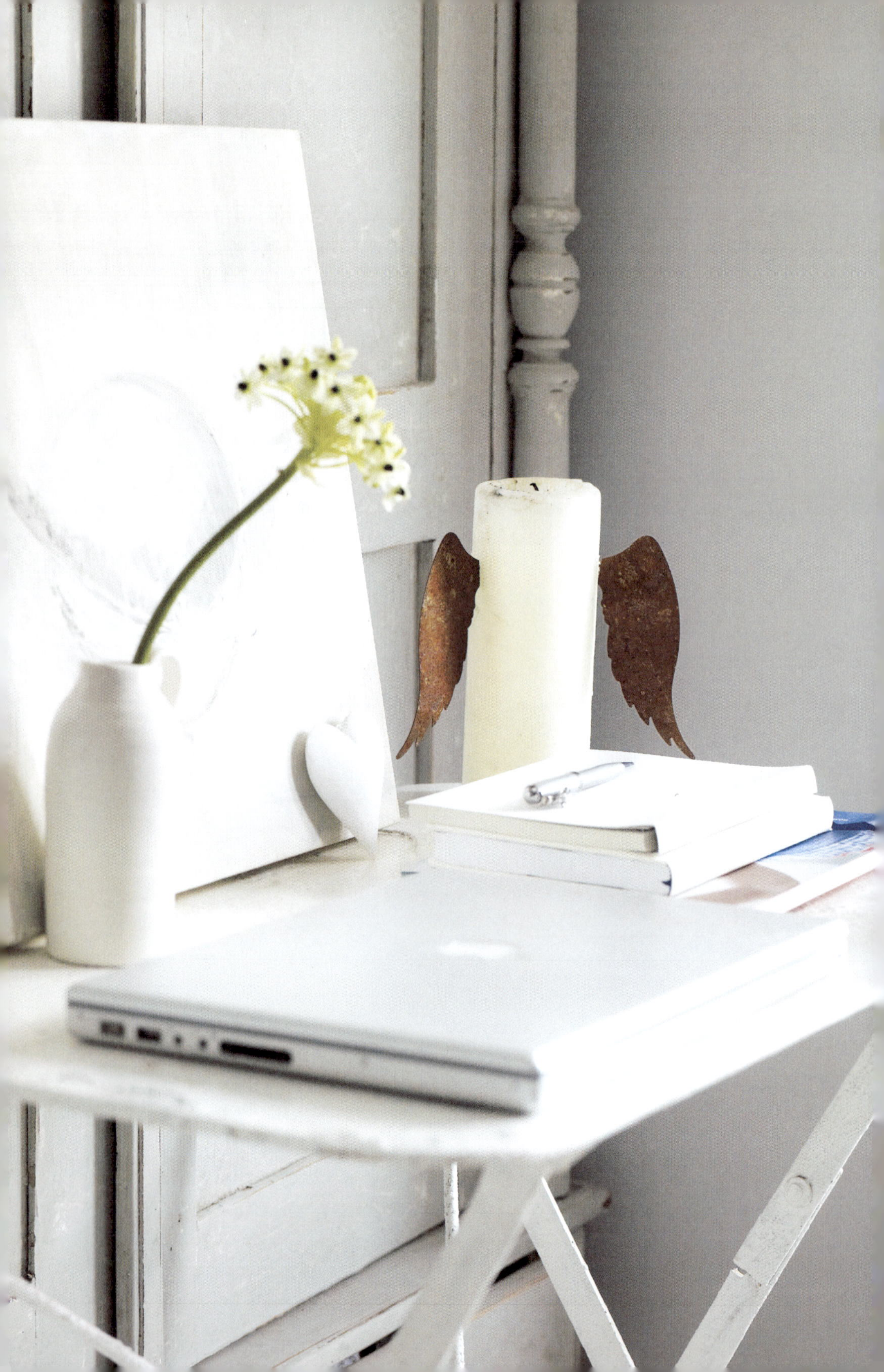

2　自分の才能をリストにしてください。守護天使が書いていると想像しましょう（誰も読まないので、照れる必要はありません）。「〔名前〕はとても〔才能〕が得意だ」のように、名前からはじめて、才能を書きます。いくつか例を挙げておきます。
- アマンダは料理が得意だ。
- ジョンは驚くほど絵がうまい。
- ジュリーは人を元気づけるのが上手だ。
- ルースには限られた予算で車を修理する才能がある。

長い長いリストにしましょう。例文ではさまざまな名前を使っていますが、もちろんあなたと才能について書いてください。40個以上のリストにしましょう。手先が器用ですか？　動物に接するのが好きですか？

3　新しいページに、「〔名前〕はとても〔好きなこと〕が好きだ」のように、好きなことを書きます。例を挙げておきます。
- レイチェルは動物と接するのが好きだ。
- モーはケーキにいろいろなアイシングをするのが大好きだ。
- デイブは花壇の設計が好きだ。
- シャンは初めて会う人に接するとわくわくする。

4　3枚目は、やってみたいのに試していない仕事のリストです。新しいページに、これまでと同じように書き出してください。学んでみたいこと、探求してみたいことでもかまいません。可能性が無限であるかどうかは気にせず、あこがれを追い求めてください。「〔名前〕は〔学びたいこと〕をやってみたい」という文章をつくりましょう。いくつか例を挙げておきます。
- パットは飛行機の操縦を習いたい。
- ニコラはフランス語が話せるようになりたい。
- シャロンは野外の仕事を楽しみたい。
- ビクターは木彫品づくりを上手にこなしたい。

時間をかけてください。2、3日考え、アイデアが浮かんだら、リストに追加しましょう。アイデアが出尽くしたと感じるまでつづけたら、リストを読んでください。特定の仕事が心に浮かびましたか？　選んだ仕事に役立ちそうな技能がありますか？

あるいは、それを身につけたいと思いますか？　手助けがあれば、独立することができるでしょうか？

5　蛍光ペンで気に入った文章に印をつけ、別のページにまとめて書いてください。ページのいちばん上に「私の理想の仕事」と書き、すでに夢のキャリアを手にしているようすを文章にしましょう。例文を2つ挙げておきます。
- 私は子どもたちと野外で遊ぶのが大好きです。私はいくつもの言語を話せる能力を生かして、世界中を旅する仕事に就くことができてわくわくしています。
- 私は動物を扱ったり、本を書いたりするキャリアを心から楽しんでいます。

これは無理だとは思わないこと。天使が手を貸してくれます。サインを送って、夢を実現させてくれるのです。すべての導きに従いましょう。人と天使はこの世界の共同製作者です。先入観を持たず、チャンスを探しましょう。未来が明るく、刺激的なチャンスに満ちていますように。

夢のキャリア

夢のキャリアには、単に生活費を稼ぐこと以上の意味があると考えたことはありませんか？　キャリアは、あなたがこの時代の地球に生まれてきた重要な理由の1つなのかもしれません。

すでに話したように、キャリアは人の定義です。持っている才能のなかでも最高のものを見せる方法ですが、それができていない人がたくさんいます。生活費を稼ぎ、請求書を支払うことが、ありのままの自分でいる邪魔をしているのです。

自分にたずねてみましょう。「私の夢の仕事は何だろう？」答えられますか？

答えは天使にゆだねましょう。メモ用紙にその質問を書きとめます。そのまま「私の夢の仕事は何だろう？」としても、「自分の技能と能力を生かして生活費を稼ぐいちばんよい方法は何だろう？」としてもかまいません。その用紙を枕の下に入れるか、天使ノートに書きましょう。就寝前にその質問をしてください。これを何日かつづけて行います。見た「夢」と天使がくれたひらめきをすべて書き出すことで、自分の夢を追ってください！

キャリアの祭壇をつくる

小さなテーブルや窓台にキャリアの祭壇をつくり、目標に焦点を合わせましょう。豊かさの象徴である金色のショールや布を敷き、幸せそうな自分の写真を飾ります。天国への入口を象徴する穴の開いた石を見つけたら、それも飾りましょう。そこに次のような新しいキャリアを表す物を加えてください。

- 旅してまわる販売員を表すおもちゃの車
- 自然のなかで働くキャリアを表す鉢植えの植物
- ファッション関係の仕事を表すアクセサリー

天使の置物も忘れないでください。キャリアの祭壇はいつも清潔にし、思いつくままに新しい物を加えていきましょう。

理想のキャリアは私をわくわくさせ、満足させ、
自分は役に立つ人間だと感じさせてくれる。
私は自分のすばらしい技能を使って、
最大の能力を発揮できる仕事をしている。
夢のキャリアに就いている自分、
私を導いている天使の姿が目に浮かぶ。

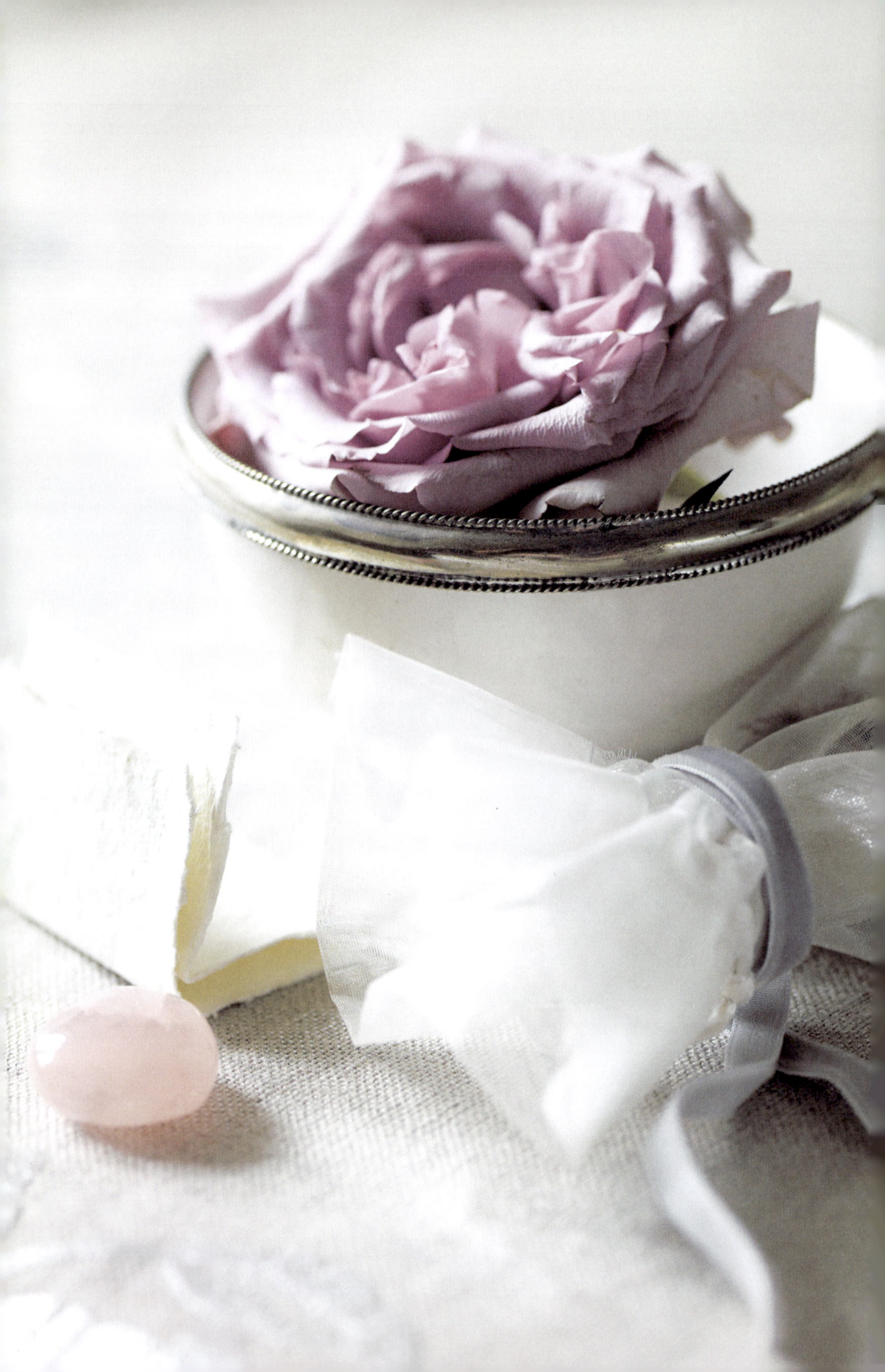

天使と創造性

私が送るひらめきが感じられるだろうか？
私はいつもあなたの側で、
人生にすばらしいものを
築き上げる手助けをしている。

　創造性。この言葉を聞くだけでひらめきがわいてきます。創造性の天使は人の側にいて、願いさえすればいつでも手助けしてくれます。心を開いて、天使が与えてくれるものを受け取りましょう。野心を持ってください。自分だけで行うより天使に力を借りれば、ずっと高いレベルのものになります。リラックスして、ひらめきが伝わってくるのを待ってください！　天使に導いてもらいましょう。
　天使からひらめきをもらったら、全身で感じ取りましょう。それを心のなかで蝶のように羽ばたかせてください。その羽ばたきが感じられたら、天使がすぐ近くにいます。そして、最適な材料を与え、アイデアを形にするために必要な人たちに会わせてくれるのです。
　創造性の天使とつながるだけでも楽しいものです。ただ楽しむために創造するのも愉快です。目的地より、そこまでの旅を楽しみましょう。絵の具やクレヨン、糊やグリッターを出してください。裁縫はできますか？　スパンコールや種子、クリスタルや写真も使って、空想をふくらませ、天使に手助けを求めましょう。
　必要な物を買うのは簡単ですが、自分でつくればもっとすばらしいものになるで

しょう。独自のアイデアを取り入れるたびに、作品に力強いエネルギーが加わります。まるで妖精の杖で魔法の粉を振りかけたかのように、作品がきらきら輝きはじめるのです。楽しみながら、想像力を発揮してください。

創造性を高めるクリスタル

クリスタルが好きなら、クリスタルと創造性をかけ合わせましょう。クリスタルは人の能力を高めると信じる人はたくさんいます。飾っておくだけでも、とても美しく、ひらめきを与えてくれます。

創造性を高めるクリスタル

クリスタル	効用
メノウ	保護。守護天使の石
アメジスト	天使とのコミュニケーションに最適
シトリン	集中力
クリアクオーツ	クラスターやポイントのあるものは問題解決に役立つ
ヘマタイト	地に足をつかせ、現実の世界に引き戻してくれる
ヒスイ	地球とつながる
ラピスラズリ	別の世界とコンタクトするための魔法の石
マラカイト	枕の下において、あの世とのコミュニケーション力を高める
ソーダライト	ガイドとコンタクトしやすくなる
タイガーアイ	バランスを取るクリスタル
トパーズ	霊的な保護

前ページのリストにあるクリスタルは、どれもデスクや職場におくのに適しています。アクセサリーに向いているものもあります。天使の姿のクリスタルはどこでも使えます。タンブルクリスタルと自然のままのクリスタルを混ぜるのもよいでしょう。

エクササイズ
ひらめきを得る瞑想

創造的なひらめきがほしいなら、この2つめの瞑想を行い、守護天使に会いましょう（p.20-22とp.110-112も参照）。心安らぐ音楽を流し、居心地のよい場所に座り、目を閉じてください。

1　2、3回深呼吸したあと、白くて柔らかいふわふわした雲に座っている自分の姿を想像してください。

2　雲が空中を高く高く上っていくのを感じてください。あなたは安全で守られています。あなたに会おうとずっと上の雲のなかで待っていた守護天使が、あなたのところまで漂ってきます。

3　守護天使に名前をたずね、その名前を心で感じ取ってください。そうしたければ、ほかの質問をしてもかまいません。リラックスして、守護天使としばらく過ごしましょう。ただ雲の上で、天使と一緒にいられることを楽しんでください。

4　準備ができたら、愛に満ちた守護天使に別れを告げてください。また会いたくなれば、待っていてくれます。雲があなたをゆっくりと安全に地上へ戻してくれます。

5　体験したことを忘れないように、天使ノートに書きとめてください。

楽しい物づくり

　天使を人生に招き入れる物はいろいろあります。覚えておいてほしいのは、正しいつくり方、間違ったつくり方などなく、自分のつくり方でよいということです。必要なものをすべて揃え、なるべく広い場所で物づくりをはじめましょう。天使に隣に座って、魔法の粉を振りかけてくれるよう頼んでください。

天使のスクラップブック

　スクラップブックは文具店で安く買えますが、自分でつくるのもよいでしょう。大きめの色紙をホッチキスで留めたり、片側に穴を開け、きれいなリボンで縛ったりしましょう。

　次に絵や物語など、天使に関する切り抜きを集め、スクラップブックに貼ってください。グリッターやスタンプも使い、カードや包装紙から切り抜いた天使も貼りましょう。天使と触れ合った思い出は、1つとして無駄にしないでください。ひらめきや喜びをくれるものすべてを貼りつけましょう。

天使への願いごと袋

　小さめの巾着袋（ニューエイジショップで販売）か、ジッパー付の小さなバッグを用意してください。そして、ローズクオーツかアメジストの小さめのタンブルを入れます。天使への伝言や願いごとをメモ用紙に書いて折りたたみ、それも入れます。クリスタルが願いごとにエネルギーを与えてくれるでしょう。

　この願いごと袋をポケットかハンドバッグに入れて、持ち歩いてください。運よく天使の小さな置物やコインを見つけたら、それも入れましょう。天使のコンフェッティで袋を満たすのもよいでしょう（金や銀のアルミを天使の姿にカットした装飾。ギフトショップやインターネットで販売）。

天使の箱

　幸運にもアンティークの箱を持っているなら、神秘的な品々の保管に最適です。なければ、靴箱に包装紙や壁紙などを貼って手づくりしたり、きれいな帽子箱を利用したりしましょう。底にレースのスカーフなどを敷き、天使の置物や神秘的なクリスタルを入れます。天使と瞑想するときには、スカーフを箱にかけ、その上に天使

の置物などを飾ってください。終わったら、すべて丁寧に片付けましょう。
　天使の箱は神秘的な品々の完璧な保管場所になります。手工芸の才能を生かして、さらに特別なものにしてください。木箱なら、蓋に「ANGELS」と彫りましょう。雑誌の文字を切り抜いて箱に貼り、その上からニスを塗るのもよいでしょう。天使の柄の布を見つけたら、パッチワークやアップリケにして、箱の内張りにしましょう。いろいろ試してください。

天使のお守りカード

クリスマスカードの裏や、文具店で買ったカードの真ん中に愛する人の写真を貼りつけます。写真の上に「私は天使に守られている」と書き込んだら、写真の周囲に天使のシールを貼ったり、天使を描いたりして飾りつけましょう。家族それぞれにカードをつくってもかまいません。カードを糸で吊ってモビールにしたり、フォトクリップに挟んだり、鏡の横に挟んだりするのはどうですか？

天使のキャンドルホルダー

小さめの瓶やガラスのコップを洗って乾かしたら、天使のシールやコンフェッティを外側に貼ってください（安全のため内側には貼らないこと）。さらにきれいなグリッター入り糊などで、光が反射するような飾りつけをしたら、乾くまでおいておきます（同じように鉢植えを飾りつけてもかまいません）。

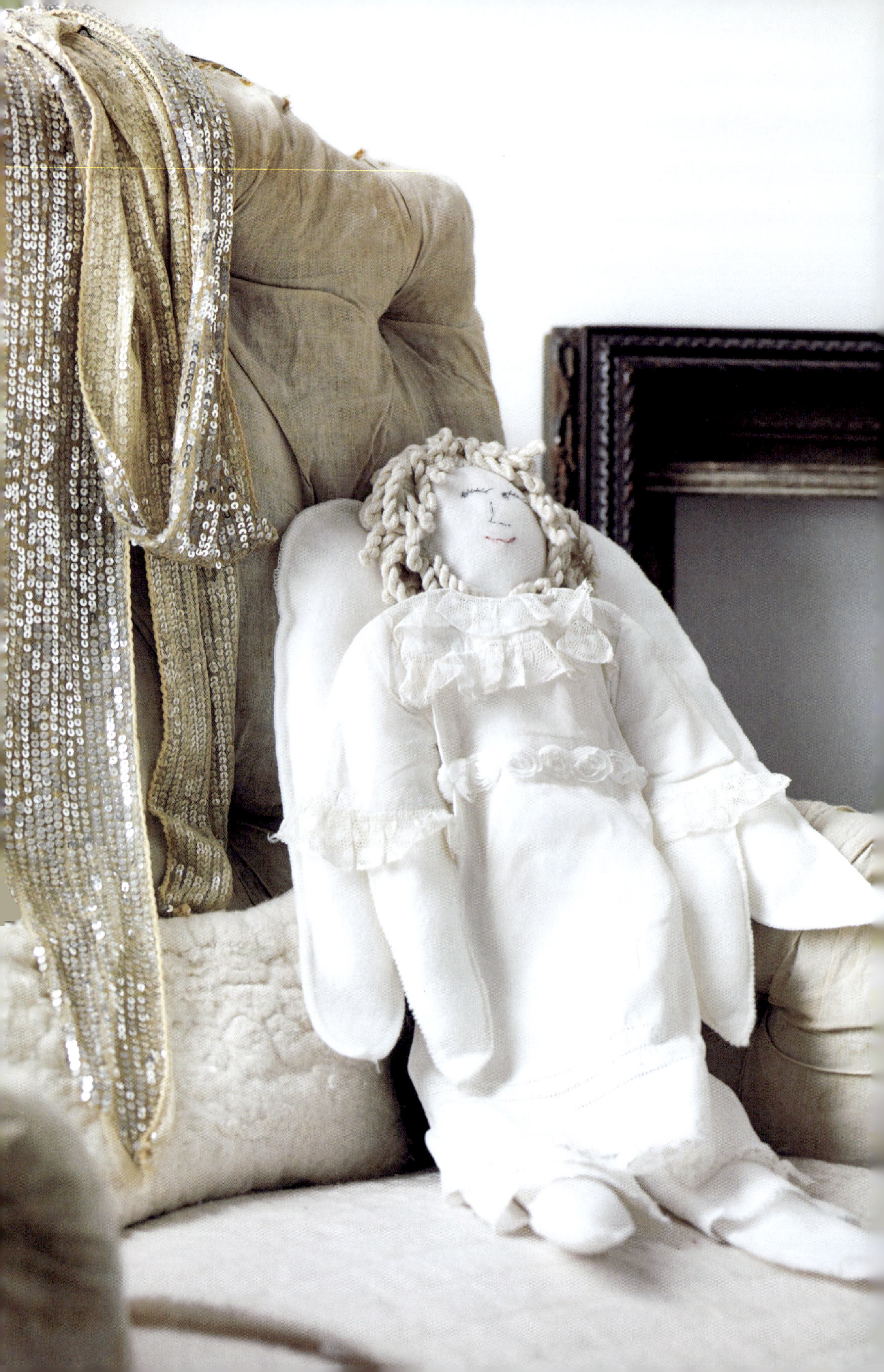

> ### 天使の秘密
>
> 天使はアイデアの宝庫です。ひらめきをもらいましょう。天使を身近に感じられますか？　すこし座りましょう（できれば屋外に）。目を閉じ、天使に、近くに来て、オーラ（気の場）に愛に満ちた光を注いでほしいと頼みましょう。しばらくそのままで、その感覚を楽しんでください。エネルギーの流れが止まり、満たされたと感じたら、目を開け、日常へ戻りましょう。

　もっと楽しみたければ、ガラス用の塗料を使いましょう。メモ用紙に簡単な天使の絵を描き、瓶の内側に入れます。それをテンプレートにして、瓶の外側から絵の輪郭を塗料でなぞります。輪郭が乾いたら、ステンドグラスのように色を塗り、メモ用紙を出します。天使のファンにはすばらしいプレゼントになりますよ！

　ガラスのキャンドルホルダーは、ティーライトキャンドルにぴったりです。キャンドルを入れてから、火を灯しましょう。

天使の人形

　自分だけの天使をつくってみませんか？　必要なのは、人形かテディベア、レースなどのハギレ、スパンコール、金糸や銀糸です。手芸店で売っている人形の洋服の型紙を使うか、人形の洋服から型紙をつくります。翼をつけるのを忘れないでくださいね！　私の近所の園芸店では、クリスマスツリー用の小さな羽根が売られていますが、ハギレを使えば自分で簡単につくれます。

　小さな子どものために人形をつくる場合は、安全性に十分注意し、取れやすい部分がないようにしてください（外れた物を飲み込んだりすると、窒息の危険があります）。

天使の日記

天使と触れ合う体験をしたら、日記に記録を残しましょう。自分だけの暗号をつくってください。羽根を見つけた日のページには小さな羽根の絵を描いたり、魔法のようなことが起こった日には星印を描いたり、誰かがあなたの人生に小さな明かりを灯してくれた日にはキャンドルの絵を描いたりしましょう。体験を書き込めば書き込むほど、もっと起こるようになります。

神秘的な天使の空間

一部を借りたり、自由に使ったりできる庭がありますか？ そこに神秘的な天使の空間をつくりましょう。瞑想用の椅子が要りますが、丸太や折りたたみ式のガーデンチェアで十分です。空間を野外用ライトやウィンドベル、身近にある自然の物で飾りましょう。天使の置物もいくつか加え、香りのよい花を植えてください。座って天使と話をするのに最適な場所となります。

天使のウェブサイト

ウェブサイトを立ち上げて、天使に捧げましょう。それほどむずかしいことではありません。自分の体験談を紹介したり、お気に入りの天使の本のリスト、天使の絵などを載せたりしましょう。完成したら、ほかの天使のサイトとリンクさせてもらい、互いにサイトを訪れ、楽しみましょう。ウェブサイトは天使への思いを外に示すすばらしい方法であり、いつでも内容を加えていけます。こんなこともやってみてください。

- ネットで無料のイラストなど、天使をイメージしたものを探し、自分のサイトで使う。
- ネットで知り合った人たちと天使の情報を分かち合う。
- 天使への祈りや天使の詩や絵を分かち合う。

色と天使

　定期的に髪の色や衣服の趣味を変えたり、全体の雰囲気を変えたりするのが好きな人はたくさんいます。今日、自分に似合うのものが、明日も似合うとは限りません。だから、壁の色を塗り替えたり、メイクの色を変えたりするのです。

　色に対する体の反応は日によってまちまちです。1日に何度も着替えをする人なら、オーラ(気の場)の色も頻繁に変わっているのかもしれません。

　天使にも色とのつながりがあります。今、側にいると感じている天使は何色でしょう？　今いる天使が何日も側にいることもあれば、1日のうちに何度も天使が入れ替わることもあるでしょう。今いる天使の色を下の表で調べてください。

色と天使とのつながり

色	天使	特質と効用
銀色	アリエル	銀色はお金と月を表す色です。アリエルは自然とのつながりがあるため、天気さえよければ、野外で過ごすには最適の日でしょう。今日はとても不思議な1日になります。きっと間もなく満月です！
白色	ウリエル	白色は純粋さと穏やかさの印です。今日は生活を秩序正しいものにする最適の日です。1人で静かに過ごしてもよいでしょう。ウリエルが完璧な場所を見つける手助けをしてくれます。
黄色	サンダルフォン	黄色は楽しさを表す色です。黄色の気分なら、人生に勢いがあり、それを楽しんでいるのでしょう。なりたくても黄色の気分になれないなら、健康的な食事をすれば、オーラが黄色に輝きます。サンダルフォンに助けを求めましょう。

色と天使とのつながり

色	天使	特質と効用
黒色	ミカエル	オーラが黒色ならネガティブな人だと言うこともありますが、ミカエルは黒色を加えることで負の要素を追い払い、オーラのバランスを取ってくれます。黒色はミカエルが保護のために使う色でもあります。
茶色	チャミュエル	今日、あなたの世界は喜びと幸せに満ちています。茶色は土の色で、しっかりと地に足がついている感覚を示します。チャミュエルが、自分の人生の美しさに気づくよう手助けしています。
青色	ラファエル	ブルーな気分ですか？ 必ずしも病気ではないですが、癒しの天使ラファエルの助けを借りて、色を調整する必要があるかもしれません。リラックスして座り、ラファエルのヒーリングを受けましょう。
緑色	メタトロン	嫉妬のあまり青ざめ、緑っぽくなっていますか？ この色は豊饒や新芽を表すこともあります。今日は、メタトロンがこの色を使って幸運をもたらしてくれるでしょう。
金色	ガブリエル	金色はたいていお金を表す色ですが、豊かさも表します。金色は魔法の世界では太陽の色であるため、ガブリエルがこの色を使って、人生に光を呼び込んでくれるでしょう。

色と天使とのつながり

色	天使	特質と効用
ライラック	ハニエル	ライラック色は神秘的な探求の色で、知恵と知識を表すものでもあります。ハニエルがこの色を使って、知識力や理解力など、内なる強さを向上させてくれるでしょう。
オレンジ色	ラギュエル	オレンジ色は幸せと喜びを表す色です。オーラにこの色があれば、どうして悲しみなど感じていられるでしょう。この色は子どもとのつながりがあり、オレンジ色の日には、ラギュエルがインナーチャイルドを思い出させ、人生に楽しみをもたらす方法を教えてくれるでしょう。
ピンク色	ジョフィエル	ピンク色は無条件の愛を表す色です。友人への愛もあれば、家族やペットへの愛もあるでしょう。ピンク色の服を着ていますか？　そうなら、あなたが健康そのもので、精神的にも落ち着いていることをジョフィエルが教えてくれるでしょう。
紫色	サリエル	紫色はとても霊的な色です。今日、あなたは霊的な能力を高めること、生まれ持った直観力を利用することに懸命に取り組んでいるのかもしれません。サリエルが導いてくれるでしょう。魔法についての新しい読み物を探すには最適な日です。
赤色	アズラエル	怒りや嫉妬で赤くなっているか、情熱や欲望に満ちているのかもしれません！　赤色はロマンチックな関係も表します。アズラエルが手助けして、この色のバランスを整えてくれるでしょう。

実際にあった話
間に合った課題提出

　娘のジョージナと私は、それはすばらしい体験をしました。娘はコンピューター・グラフィックスが得意で、ずっと「Ａ」評価でしたが、困ったことに試験課題が未完成でした。休暇中に課題を完成させるつもりが、コンピューターがクラッシュし、データが消えてしまったのです。取り返しのつかない災難に、娘もお手上げ状態でした。製作しなければならないのはフルカラーのポップアップ式の本で、デザイン、プリント、裁断、製本を合わせると、30時間はかかる作業だったのです。

　ジョージナは気落ちしたまま学校へ行きました。課題をやり直すにはもう時間が足りず、締切までに提出できる可能性はありませんでした。けれども、担当教師はまだ時間はあると言って、娘を励ましたのです。提出期限は月曜日でした。娘は間に合わせることができるのでしょうか？

　しかし、災難は重なるものです。ジョージナはその週末、病気になってしまったのです。土曜の夜はずっとトイレにこもり、浴室の床で眠ったほどでした。日曜になってもまだ具合が悪く、着替えすらできません。もう時間切れでした。けれども、その夜、娘は夢を見ました。それは母親の私が完成した課題を持って学校へ急ぎ、担当教師が課題をまとめて送ろうと封筒に入れているときに持ち込み、なんとか間に合ったというものでした。その夢のおかげで、簡単ではないが、すぐに取りかかれば間に合うかもしれないと考えました。それは午前4時のことで、娘は起き上がると、すぐに課題に取りかかりました。

　そんなことなど知らない私は、別の部屋で眠っていました。午前9時ころ、私は不思議な夢から目覚めました。夢のなかでジョージナは課題を完成させようと狂ったように作業していました。時間的に厳しく、私の手伝いが必要でした（ズルではなく、プリントの手伝いなどで）。夢では、私はぎりぎりの時間に学校へ飛び込み、オフィスで課題を手渡すことができました。そして、その課題は完璧ではないものの、娘は「Ａ」評価を取るというものでした。

　娘の寝室へ行くと、まだ具合が悪かったのですが、パジャマ姿で課題に取り組んでいました。互いに不思議な夢のことを伝え合い、2人して驚きました！

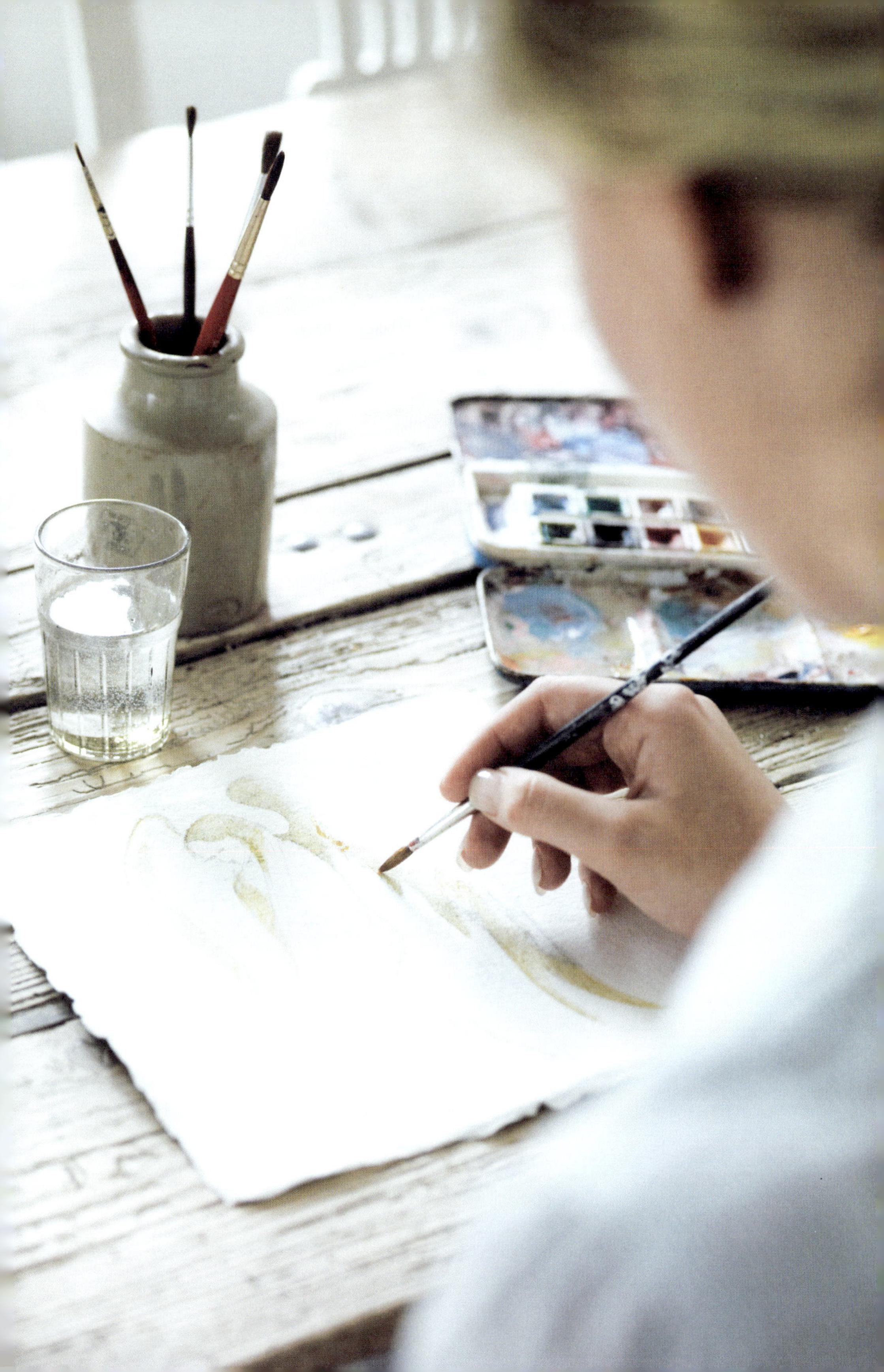

しかし、また問題が起こりました。いったん何かに狂いが生じると、すべてが狂ってしまうものです。用紙の艶のある表側にうまく印刷できなかったのです。プリンターから吐き出される高価な用紙には不鮮明な画像が印刷されるだけで、おまけに同じ画像が2回も3回も印刷されます。終いには、私が階下の書斎にいて、寝室にいる娘とインターホンでやり取りしなければなりませんでした。「ママ、もう印刷ボタンを押してもいい？」「まだよ！」私は苛立ちのあまり、天を仰いでこう言いました。「どうかお助けください！」すると、直後にプリンターがうまく動いたのです。

締切り時間もわかりませんでしたが、学校に電話して確かめる余裕もありません。貴重な時間を無駄にすることなどできなかったのです。ジョージナは顔も洗わず、ポテトチップスを食べ、水を飲み、私が食べたのはインスタントのシェイクだけでした。娘は画像調整係、私はプリンター係として奮闘しました。

すると、また災難が起こりました。ポップアップのテンプレートを学校に忘れてきたのです。しかし、私は動揺せず、それは問題ね、でも2人の夢によれば、そんなもの要らないわと励ましました。そこで娘は自分で調整し、作業をつづけました。

娘には最終調整をさせ、私は用紙の裁断をはじめました。私にも寄稿記事の締切りがあったのですが。学校が閉まる時間まであと1時間半となったとき、娘が私の助けを求めていると感じました。「ママ、ちょうど呼ぶところだったわ。1時間半前までに終わらなければ、また助けてもらわなくてはと思ってたの」誰かが娘のメッセージを私に伝えているのでしょうか？

結局、娘の部屋で、糊を探したり、ポップアップのつまみをつくったりして手伝い、ぎりぎりまで修正しなさいと励ましました。気がつくと、学校が閉まる時間まで10分しかありません。私は急いで靴を履き、車のキーとバッグをつかんで、娘の部屋に戻ると、大きな封筒を渡されました。「できたわ！」でも、私は締切り時間に間に合うでしょうか？　思い出してください。ジョージナは着替えもしていないので、私が行くしかなかったのです。

私は走りました。玄関を走り出て、できるだけ車のスピードを出して学校へ向かいました。途中でバスや車に道をふさがれると、2人であんなにがんばったのに、締切り時間に間に合わないのかと不安になりました。学校に着くと車

を停め、道路を渡り、驚いてこちらを見ている生徒たちとすれ違いました。受付に飛び込み、教師の名前を告げると、すぐに内線電話で呼び出してくれたので、私と娘の名前を伝えました。

「急ぎの課題を持ってきました」返事が返ってきました。「ありがとうございます。受付に渡してください。取りにいきます」

間に合ったのです。奮闘の結果、課題を締切りまでに提出し終えたのです。私の夢のとおりに娘は「A」評価を取ったとお伝えしたいのですが、取れませんでした。抜けたページがあったせいかもしれません。けれども、試験には合格しました。天使が側にいて、創意あふれる手助けをしてくれたのでしょう。

> 天使がくれるひらめきのおかげで、
> 私は創造的な仕事ができる。

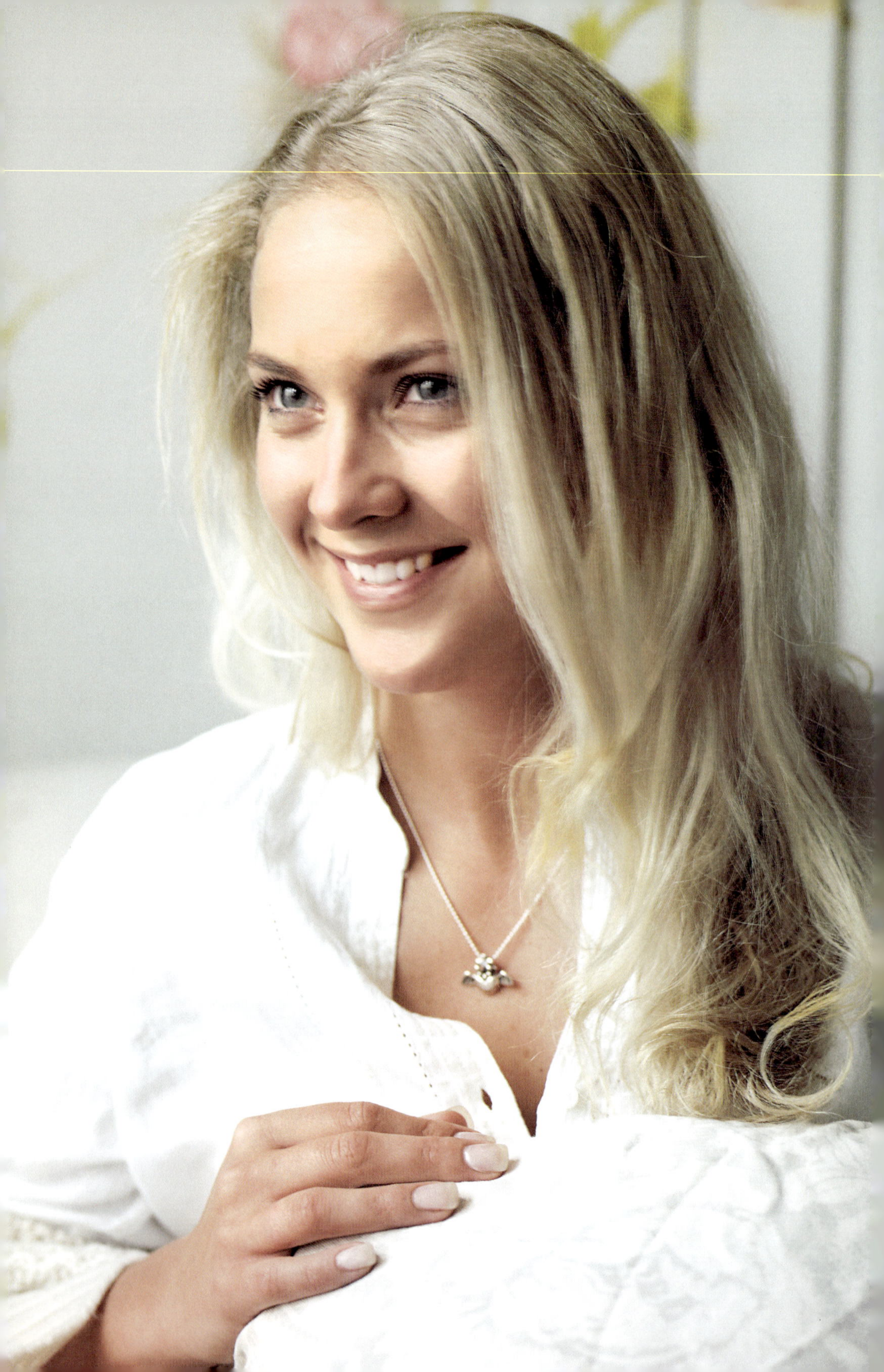

天使と友情

私はあなたの友人であり、仲間であり、人生にずっと寄り添う最愛の者として、いつも側にいる。

　守護天使は人のいちばんの友人です。無条件に人を愛し、批判することなく、人の願いをかなえようとします。だから、人はけっして1人ではありません。独りぼっちにはならないのです。ほんとうに孤独になるのは、人間からも、守護天使からも切り離されたときです。

　天使との友情に求められるものは、関心、敬意、理解、真実です。守護天使の前で自分を偽っても無意味です。天使は、人のすべてを知ったうえで、ありのままに愛してくれるからです。

　霊的な存在は意思疎通にテレパシーを使うため、天使には人の気持ちがわかります。進化に伴い、人間も考えていることが外からわかるようになってきています。体を持つ生命から霊的な存在に生まれ変われば、このような意思疎通をするようになるのです。さあ、今からはじめましょう！　胸のうちをさらけ出して、愛する人たちに話す練習をしてください。そして、礼儀正しく穏やかに接し、相手があなたのその変化に慣れる時間を与えましょう。

天使の秘密

微笑みは伝染します。天使は人の微笑みが大好きです。微笑めば体に化学変化が起こり、自分にも、人にもずっとよい気分でいられます。このすばらしい能力を使って、時間のかからない簡単な方法で人びとの人生を変えましょう。天使に手伝ってもらい、近所の店の人に、バス停で会った女性に、そして隣の犬にも微笑みかけてください！　犬は微笑みに気づかないとしても、あなたのオーラの変化には気づきます。自分もよい気分になれ、みんなの役にも立てます。

守護天使に会う——瞑想2

　瞑想は親友である守護天使と会うすばらしい方法です（p. 20-22、p. 95を参照）。徐々にリラックスし、意識が変化していく状態にあるとき、天使とつながることができます。このエクササイズを行うたびに、より深い瞑想ができるようになっていきます。大切なのは練習です。

1　快適な場所でリラックスしてください。必要なら背中を支えるものを準備し、室温が心地よいことを確認しましょう。しかし、暖かすぎると眠ってしまいます。好みで、p. 20-21で説明した緊張をほぐすエクササイズを行ってください。

2　目を閉じ、深呼吸をしましょう。鼻から深く息を吸い、口から吐いてください。これを3、4回つづけたあと、普通の呼吸に戻します。

3　肩の力を抜き、次に首、頭、腕、背中、お腹、脚の力を抜いてください。徐々にリラックスしていきます。

4 優しく輝く日差しの温かさを感じている自分を想像してください。木々で鳥が歌い、そよ風のなかで木の葉がサラサラと音を立てるのを聞きながら、さらにリラックスしていきます。

5 遠くから聖歌隊の美しい声が聞こえてきます。その調和の取れた声があなたを呼んでいます。その声のほうへ引き寄せられ、静かに漂っていきます。静かに安心して漂いながら、さらにリラックスしていきます。その美しい声、天使の歌声、息をのむほど完璧で安らかな声を聴いてください。

6 遠くに4本の円柱のある大理石の建物が見えます。それを囲むように天使たちが立ち、まわりは虹色の光であふれています。近づくと、建物の中央に巨大なビーンバッグチェアのような柔らかで白い座り場所があり、あなたが真ん中に気持ちよく収まるのを待っています。その大きなクッションは重みを完璧に支え、形も体にぴったりで、しっかりと包み込んでくれます。あなたは重さがなくなったかのように支えられ、リラックスしています。

7 天使たちから、くつろいで座り、自分たちの歌を楽しむように言われ、そうするうちにさらにリラックスしていきます。

8 そのうちに歌声が小さくなり、あなたは目を開けます。変化を感じ、期待を胸に待っていると、あなたの大切な守護天使が進み出て、完全な無条件の愛を感じさせてくれます。守護天使から、くつろぎ、リラックスしたまま、自分をよく見るように言われます。準備ができたら、次のような質問をしてください。

- あなたは男性ですか、それとも女性ですか？（性別がなくても、天使はたいていどちらかの姿で現れます）
- 名前は何ですか？（伝統的な天使の名前であったり、ありふれた名前であったり、聞いたことのない名前であったりするでしょう）
- どうすればつながることができますか？（特定のサインを求めてもかまいません）
ここで、健康や仕事や人間関係など、悩んでいることがあれば、相談しましょう。

9 準備ができたら、それを天使に伝えれば、微笑みながら満足そうに立ち去ります。天使はいつでもこの場所であなたを待っています。さあ、帰る時間になりました。

10 あなたはくつろいだ姿勢から立ち上がり、漂いながら、徐々に最初の姿勢に戻っていきます。ふたたび鳥の歌声や木の葉の音が聞こえ、日差しの温かさが感じられますか？

11 準備ができ次第、目を開け、元いた部屋に戻ってください。徐々に目を覚ましましょう。

心配しないでください。元に戻れなくなることはありません。けれども、眠り込んでしまうことがあるので、出勤前なら、必ずアラームをセットしておきましょう。大切なこと、瞑想中に得た重要な発見を忘れないように、天使ノートに体験を書きとめてください。何が重要なのかは時間が経たないとわからない場合もあります。

日常生活の天使

天使は夢や幻想や瞑想だけでなく、日常生活にも姿を現します。生きるか死ぬかの状況に見知らぬ人が現れ、助けてくれたあと、跡形もなく消えたという話はよくあるものです。その見知らぬ人についての説明は、何かが来て、誰かが現れて、など、人によってまったく違います。

天使の秘密

天使はこっそりと親切な行いをするのが好きです。あなたにもできます。匿名で人に手を差し伸べる方法を探してください。ミステリーはそれ自体が魔法です。秘密の友人になりましょう。

天使と友情

　日常生活で出会う天使は、奇抜な格好や夏物と冬物ごちゃ混ぜの服装、流行おくれの服装をしています。こんな小さなヒントから正体がわかります。一般的な特徴として、目つきの鋭い青い目を持ち、髪は白髪か金髪です。とても背が高い場合もありますが、いつもそうとは限りません。通常、その「人」はまったく見返りを求めることなく、エネルギーを与えてくれます。思いやり深く、親切で、穏やかで、普通の人とは違う雰囲気がします。日常生活で天使に会ったことがありますか？

実際にあった話
天使との遭遇？

　ある日、街で、ふと前を見ると、その男性がいました。すれ違いながら微笑みかけると、彼も微笑みました。よくあることです。放浪者か旅行者かと思いましたが、男性は清潔で、風変わりなロングコートと説明できないような衣服を着ていました。

　微笑みかけたとき、男性は私の目をじっと見つめました。その鋭く光る青い目は思いやりと愛情にあふれ、その瞬間、神の目をのぞき込んだかのような感覚がしました。それがあまりに強く不思議な感覚だったので、振り向いて、男性がまだそこにいるのかどうか確かめたいと思いつつ、できませんでした。

　男性がもういないことがわかっていたからです。あの体験は心から離れず、今もあの目とそこから伝わってくる思いやりと愛情を感じることができま

す。「あの男性は天使だったのかしら？」といつも考えています。あの感覚は並大抵のものではなく、あのとき、自分はこの世のものではない何かの目をのぞき込んだのだと心から信じています。

よい友人をつくる

友人はもうこれ以上要らないという人はいません。天使に頼んで、適切な友人を見つける手助けをしてもらいましょう。友人を持つ理由はさまざまです。コーヒーを付き合う友人もいれば、いつも一緒に出歩く友人、旅行中に猫の世話をしてくれる友人もいるでしょう。友情とは、互いを尊重し、親しく会話を交わすことです。共通点があれば、友情がおおいに深まります。

どうすればよい友人になれるのでしょう？　守護天使がいちばんの友人であることを思い出してください。あなたは守護天使に何を求めますか？　その特質を友人に示せばよいのです。「よい友人の特質リスト」にはどんな言葉を入れますか？　思いやり、辛抱強さ、公正な態度でしょうか？

友情に何を求めますか？　よい友人とは、信頼でき、つねに真実を話してくれる人です。よい友人とはあなたを気遣い、困ったときには必ず側にいてくれます。つまり、あなたもそうしなければならないということです。

友情とは持ちつ持たれつの関係です。片方はいつも聞き手、片方はいつも話し手ではバランスが取れません。それでは関係にひずみをもたらします。今の友人関係に疲れていませんか？　自分の気持ちを伝え、もっと健全でバランスの取れた関係になれないか考えましょう。無理なら、新しい友人を探すべきです！

エクササイズ
友情の祭壇をつくる

1　小さなコーヒーテーブル（円形が理想的）を準備し、その上に黄色か多色使いの布をかけてください。次に、雑誌から幸せそうに微笑んでいる写真を切り抜きましょう。自分の写真も要ります。厚紙を切り、フォトフレーム（大きいほどよい）に入る大きさにしてください。

2　厚紙の真ん中に自分の写真を貼り、まわりに微笑んでいる人たちの写真を貼っていきます。これは友人を象徴するものなので、性別や年齢や人種を問わず、いろいろな顔を探してください。それをフレームに入れ、テーブルの中央におきます。天使の置物もおいて、写真を見守ってもらい、クリスタルもいくつか選んで、祭壇の効果が出るようにエネルギーをもらいましょう。完成したら、次の言葉を言ってください。自分で考えてもかまいません。

　天使よ、私は思いやりあふれる友人です。人生に新しい人びとを歓迎し、遊び友だち、一緒にスポーツや余暇を楽しむ友人、悩みを相談できる友人として、互いを尊重しながら、楽しく愉快な人間関係を築きます。私もよい友人として相手に尽くします。神のご意志によって、そうなりますように。

　好みできれいなフレームを加えて、今いる友人たちの写真を飾ってもかまいません。まず古い写真を使ってみましょう。写真を見て昔の友人を懐かしく思えば、連絡を取ってみましょう。

3　祭壇を壁際に移し、友人との写真（下記参照）を壁に飾ってください。あなたと友人が自転車に乗ったり、ダンスをしたり、犬を散歩させたり、スポーツをしたり、仮装パーティーのドレスを着たりなど、ありとあらゆる写真を飾りましょう。すぐに、雑誌から切り取った知らない人たちの写真を、ほんとうの古い友人、新しい友人の写真と置き換えていけるでしょう。

友情の写真を撮る

祭壇に飾る友人の写真がなければ、写真を撮るチャンスです。友人たちを誘っ

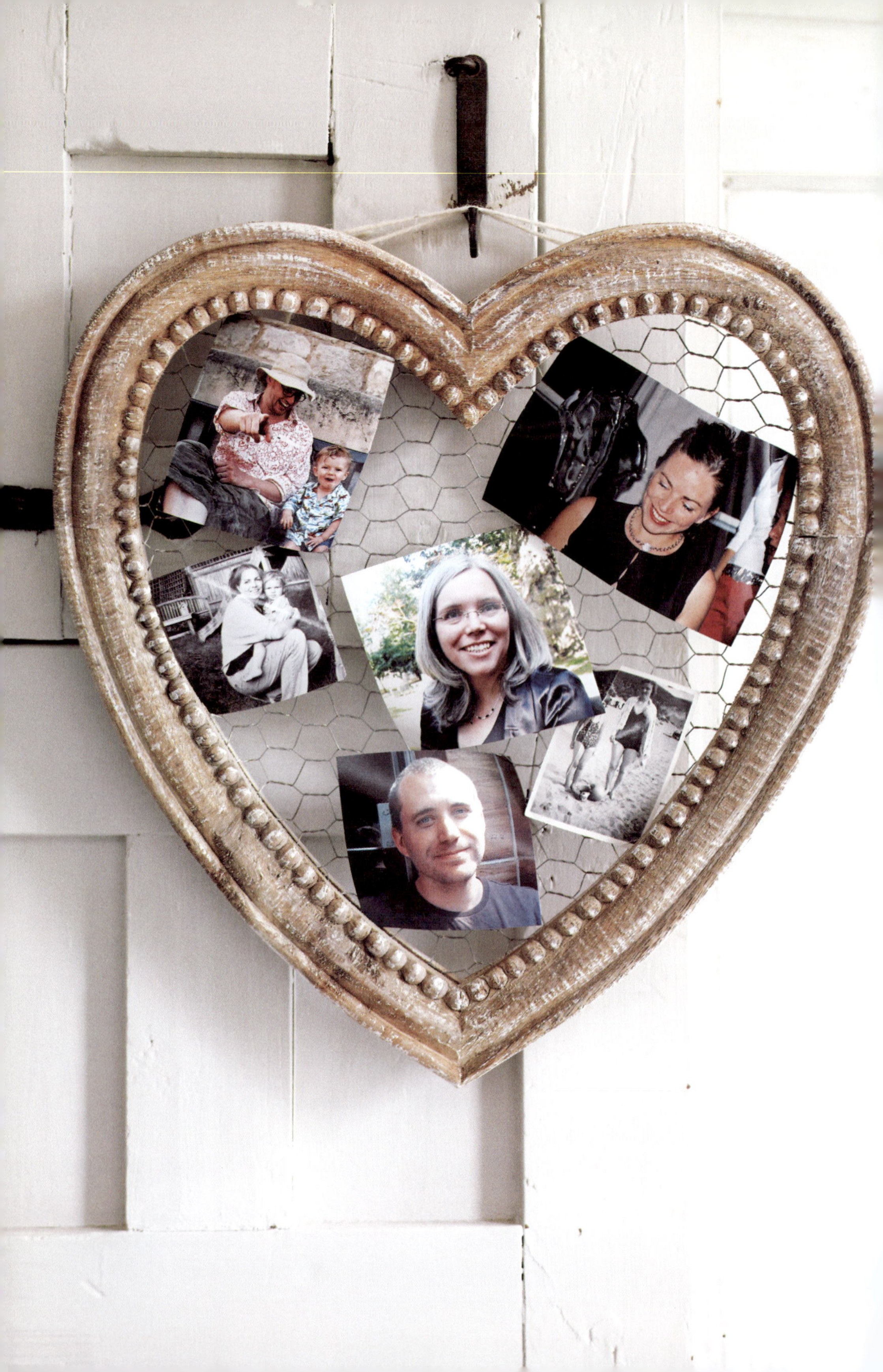

> ### 天使の秘密
> 天使のサインがほしければ、求めましょう。よき友と同じく、天使も人生に招かれ、助けを求められるのを待っています。

て、楽しいパーティーを計画しましょう。みんなで楽しんでいる写真を撮りたいと、事前に伝えておいてください。みんなが集まる機会に誰もがわくわくするでしょう。そうしたければ、近所のバーで集まるだけでも、招待状を送りましょう。パーティーのテーマも決めてください。

　次のようなテーマはどうでしょう。

- 赤ん坊のときの写真を持ってくる。
- ピンク色の服を着てくる。
- 新しい友人を連れてくる。
- 帽子をかぶってくる。
- 交換用のプレゼントを持ってくる(低めの上限金額を決めておく)。
- 毛糸を正方形に編んで持ってくる(編めない人には教える)。それぞれが編むのに数日、縫い合わせるのに1晩必要。完成した毛布は慈善団体に寄付する。
- 不要品を持ち寄って売り買いする。衣服は並べて吊るし、靴も並べ、バッグやアクセサリーはテーブルに並べる。それぞれに小さな値札をつけ、集まったお金は慈善団体に寄付し、売れ残ったものは中古品を売るチャリティーショップへ寄付する。

　こうして互いに打ち解けてから、パーティーをはじめましょう。いろんな計画を立ててください。外食や誕生パーティー以外にも、新しいことを試しましょう。それぞれが友人を連れてくれば、新しい友人ができます。慈善事業のための募金集めもよいでしょう。2-3か月毎に担当者を変え、別の募金を行っていきましょう。友情の祭壇用の写真をたくさん撮るのを忘れないでください!

実際にあった話
支えてくれた天使の手

　数年前、ある美しい村で暮らしていたときの話です。小さな骨董店を経営していた私は、ある朝、自宅から店へと歩いていました。霜が降りるほど冷え込んだ朝で、教会の前で氷に足を滑らせ、背中から倒れそうになりました。けれども、次の瞬間、自分の足で立っていたのです！　まるで2つの手が背中を支え、優しく立たせてくれたかのようでした。

　驚き、後ろを振り返っても、誰もいませんでした。それが守護天使だったのか、教会の天使だったのかはわかりませんが、あの日、私のために天使の友人がそこにいてくれたことに心から感謝しました。

友情の天使の石

　仲のよい友人としばらく会っていないなら、小さな贈り物を交換してはどうでしょう。一緒に散歩して、小さな丸い小石を集めてください（角がなく、絵を描けるくらいの大きさで、重すぎないもの）。

　集めたら、絵具（アクリル絵具がよい）やサインペンを使って楽しみましょう。小さな天使の姿や星（力の源）を描き、色を塗りましょう。友情を深める色は黄色ですが、2人にとって意味のある色を使ってください。乾燥したら、その天使の小石を贈り物として交換し、友情の記念品として持ち歩きましょう。その石には互いのエネルギーが吹き込まれています。

あの世の友人

　天使は、人生が終わるときに迎えに来てくれる究極の友人です。天使は人をこの世からあの世へ送り届け、手を取って天国の門をくぐらせてくれます。

　病気のときや手術中や無意識状態のときに天使を見たという記録は何千件もあります。天使は、重篤な状態にある人を慰めるために現れるのです。もちろん、こういう人は死ぬことなく体に戻り、天使に出会った話を教えてたのです。天使はよくこう言います。「戻りなさい。あなたの順番ではありません」これは「まだ死ぬときではない」という意味です。そして、人の魂を体に押し戻し、地球に戻して、体を持

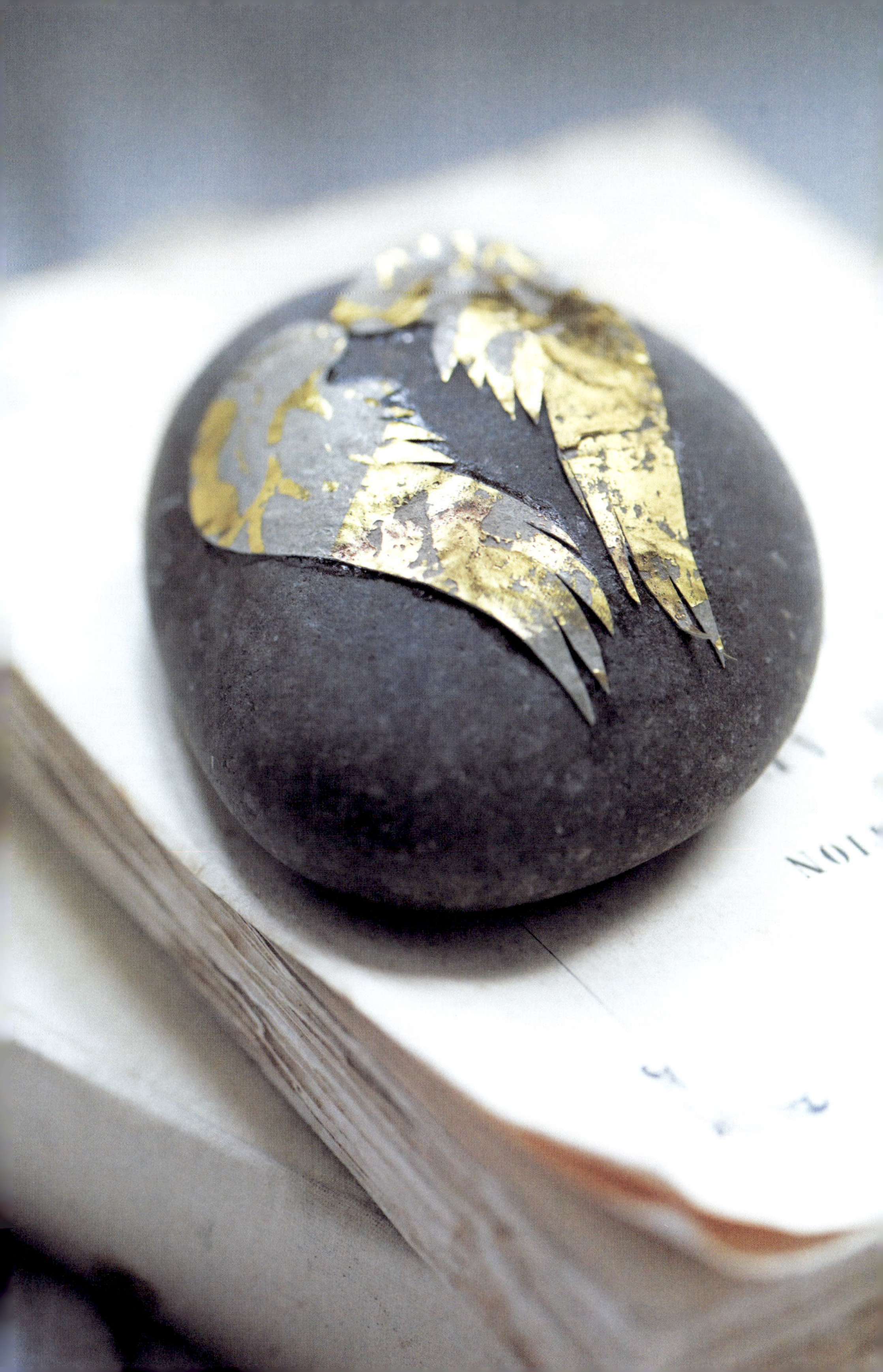

つ生命として生きつづけさせてくれるのです。

実際にあった話
カラス

　育ての親である祖母とは、大の仲良しでした。祖母は幼い私をからかって、よくこう言ったものです。「おばあちゃんは死んだら、大きくて真っ黒なカラスになって戻ってくるよ。もし窓からそのカラスが見えたら、パンのかけらを投げておくれ」みんなは大笑いしましたが、私は、自分ならカラスではなく、ほかのものになって戻ってくると答えたものです！

　これはもう30年以上前の出来事です。悲しいことに、祖母は私の娘が生まれてから半年後に亡くなりました。それから5年後、娘が初めての遠足へ行く日のことです。娘は私の隣のベッドで、遠足の支度をはじめる1時間前まで眠っていました。

　私は朝食の準備をしながら、娘に自分の部屋へ行って支度をするように言いました。すると、部屋へ行った娘がすぐに出てきて、「私の部屋に鳥がいる」と言うのです。鳥が苦手な私は、洋服ダンスの上にいる鳥を見るとぎょっとしました。しかも、それは大きくて真っ黒なカラスだったのです！　大声を出しても、カラスは私を見つめるばかりでした。どの窓も扉も閉まっていましたが、その部屋には暖炉があったので、小鳥なら煙突から入って来られるでしょう。でも、そのカラスはとても大きいうえ、部屋には煤など落ちていませんでした。

　結局、隣人に電話をして、助けに来てもらいました。隣人が部屋に来て捕まえようとしても、カラスは飛びまわることもなく、ただつかまれて外へ運ばれていきました。そして、私たちを見つめたあと、飛び去って行ったのです。

　のちに母と祖父に会ったとき、その話をすると、こう言いました。「心配ないよ。それはおばあちゃんだったんだ。いつも大きくて真っ黒なカラスになって戻ってくると言っていただろう。お前の娘の初めての遠足を見逃したくなかったんだよ」

死を迎える人びと

　死期が迫った人の家族や、人生の終わりに近づきつつある人と接する医療関

係者は、別の世界を垣間見ることがあります。病人が最後の数日や数時間に、すでに亡くなった愛する人を見るのはよくあります。もちろん、その亡くなった人の側にはたいてい天使がいます。患者はその体験を看護師に話すことがありますが、看護師自身がその驚くべき光景を目にすることもあります。なんという恩恵でしょう。すばらしい薔薇の香りをかいだり、天使の合唱を聞いたりする人もいます。

すでに天国へ旅立った愛する人を見たら、自分も必ず死ぬというわけではありません。すべてがうまく行く、病気は治ると伝えるために現れる場合もあります。

死期が近づいた人は、トンネルの向こうに光を見ることがあります。旅立つときには、この光に惹きつけられ、同時にうっとりするような気持ちになります。天国は愛に満ちたすばらしい場所で、そこは天使が暮らす場所でもあります。

天使の友人からメッセージを受け取る

守護天使の友人がさまざまな方法で送る愛に満ちたメッセージを受け取りましょう。目を開き、耳を澄まして、コンタクトを待ってください。こんな方法で連絡してくるかもしれません。

- 人間の友人の言葉だが、話している本人が気づいている以上に深い意味のあるメッセージ
- テレビやラジオから聞こえてくる言葉
- 本や雑誌から目に飛び込んでくる言葉
- 偶然耳にした会話だが、自分には特別な意味のあるメッセージが含まれている
- ポスターに描かれたシンボル。車のナンバープレートの単語
- 鳥や蝶やトンボなどの生き物が見せる、とても親しげな、普通ではない行動

天使は私のいちばんの友人。
いつも支えと愛を与えてくれる。

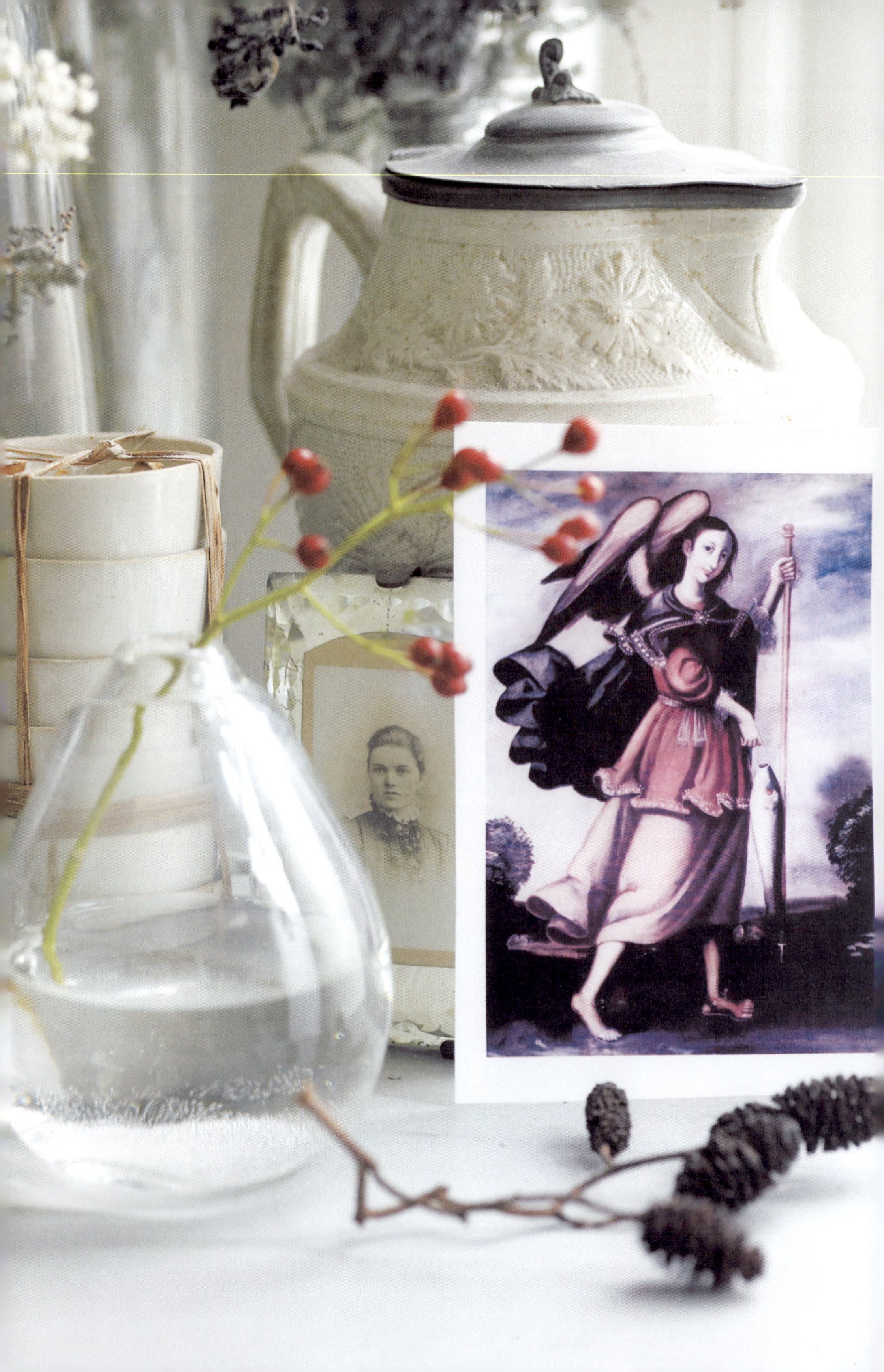

天使とヒーリング

私はあなたに健康と幸せをもたらし、
あなたのエネルギーを
つねに最高のものにしている。

　人の体は魂のすばらしい乗り物です。人の姿は地球にいる間だけ借りる特別な贈り物です。人の体は、この惑星での短い滞在中に必要なレッスンを学べるように選ばれたものなのです。

　人は自分の体に文句をつけます！　お尻が嫌い、目が寄りすぎ、顔に目立つ黒子がある、皺が多い、誰もが老いていく……。もうやめなさい！　人が地球ですべきなのは体を大事にして、能力を最大限に発揮することです。健康は大切ですが容姿は違います。それなのに、人は化粧品やファッションに、毎年、何千ポンドも使います。けれども、天使は人の虚栄心に呆れながらも、助けたいと思っています。

　癒しの天使は人の体の状態を気にかけ、徹底的に浄化してくれます。そして、人がよりよい選択をするように導きますが、天使のアドバイスがいつもそうであるように、耳を傾けるかどうかは人が決めることなのです。

　けれども、つねに健康に気を配ることこそ、大切なレッスンです。今日、自分の体にどんな気遣いをしましたか？

> ## 天使の秘密
>
> 水のある場所へ行けば、天使とコンタクトしやすくなります。川岸を散歩したり、ボートを漕いで湖の真ん中まで行ったり、海で泳いだりしましょう。自然の水場が近くになければ、入浴したり、シャワーを浴びたりしても同じ効果があります。のんびりと天使にコンタクトを求めましょう。

実際にあった話
痛みを消した天使

　私は重症の過敏性大腸症候群で、お腹の張りと痛みに悩まされています。3週間前のある夜、それはすさまじい腹痛に襲われました。痛みのせいで目が覚めたほどです。

　そこで、癒しの天使に痛みを消してほしいと頼みました。すると、その直後、寝室の窓際に7つの人影が見えたのです。彼らは並んで立っていました。いちばん前の天使は紫色、ほかの天使は白色で、全員とても背が高く、2m以上ありました。

　姿が見えたのは数分だけで、恐怖はまったく感じませんでした。天使の姿を見てすっかりリラックスした私は、すぐに深い眠りに落ちました。

　目覚めると痛みは消えていたのですが、天使の姿はとてもはっきりと覚えていました。天使はほんとうにいるのです。

天使のヒーリング

　イエスは最高のヒーラーでした。宇宙のエネルギーとつながり、ポジティブな思考によって癒す方法を知っていました。親なら本能的にしていることです。子どもが転んで怪我をすれば、抱き寄せて慰めるのは当たり前でしょう。同僚が困っていれば、肩に手をおき、若者が怯えていれば、救いの手を差し伸べます。恋人が悲し

んでいれば、その頭を本能的に引き寄せます。

　ヒーリングは人間にとって自然なことで、ニューエイジに生まれた子どもなら、たいていこの古来の技能に長けています。幼いころから宇宙の癒しのエネルギーとつながり、「意志」がヒーリングの背後にある力を生み出すことを知っています。意志の力とポジティブな思考によって癒すのです。

　霊的な癒しやレイキなど、世界中でたくさんのヒーリング法が行われています。レイキは臼井甕男先生が体系化した日本古来のヒーリング法です。どのヒーリング法も、「気」（チー、プラーナ、生命力エネルギー）というエネルギーを使います。

　多くのヒーラーが天使など癒しの存在に手助けを求めます。レイキのヒーラーなら、臼井先生や、自分や患者の守護天使に手助けを頼んでいるのでしょう。試してみたければ、癒しの天使である大天使ラファエルに助けを求めてみましょう。

　旅行中や人里離れた場所で痛みに襲われたとき、エネルギーによるヒーリングによって痛みが和らぐことがあります。もちろん、この種の驚くべきヒーリングの体験談は数多くありますが、私はこういった話は真実だと信じています。

健康のための警告

　このようなヒーリング法は、ある理由から「補完医療」と呼ばれています。「補完医療」は、医師の治療と並行して行ってください（医師の指示なく薬の服用を止めたりしないこと）。霊的な癒しは「補足的なもの」にすぎず、ほかの治療法を待つ間に利用するものです。痛みなどの問題があれば、必ず専門家の診断を受けてください。痛みは原因があって起こります。体に問題があることを教えているのです。

　私は以前、電車のなかで猛烈な歯痛に襲われました。鎮痛剤がなく、ほかの乗客も持っていませんでした。そこで、天使にレイキヒーリング法の手助けを頼んだところ、目覚しい効果がありました。帰宅して治療を受けられるまで痛みを消してくれたのです。痛みが消えて助かりましたが、やはり歯の治療は必要でした。

エクササイズ
頭痛を癒す

今度、頭痛がしたときには、生まれ持ったヒーリング能力を使って、自分で治しましょう。頭痛の原因の多くは脱水状態や目の問題です。このような体が発する警告は放置せず、すぐに治療してください。この手法は、特にストレスから来る頭痛に有効です。

1　静かに座ってください。できれば背中を壁で支えましょう（こうしたほうが安心してリラックスできます）。

2　両手の手のひらを目に当ててください。背後に天使が立ち、自分の両肩に手をおいていると想像しましょう。天使の癒しの光のエネルギーがあなたの体へ、両手へ注がれていくのを感じてください。

3 次にその癒しのエネルギーが体に流れ込み、痛みを「洗い流している」と想像してください（特に頭痛を起こしている痛みの源に集中します）。その間、できる限りリラックスするようにしましょう。

終わったら、天使に感謝するのを忘れないでください。

霊的な痛み

誰かの痛みを実際に感じることがあります。これは高次の霊的なレベルで起こることで、特に双子や親子の間で起こります。人間が現在よりもっと本能に頼っていた時代の遺産であることは間違いありません。今日、多くの子どもがこの能力を持って生まれてきます。いわゆる「第六感」によって人の感情を感じ取るのは、天賦の才能です。

実際にあった話
薬を飲んで

生前、父の具合が悪くなると、僕にはいつもわかりました。どこにいようと、何時であろうと、必ず感じられたのです。

心臓の悪い父が胸に痛みを感じれば、僕の胸も痛みました。そうなれば、母に電話して頼むか、近くにいれば自分が駆けつけて、心臓の薬を飲むように言ったものです。薬を飲んで10分ほどすれば、僕の痛みは消え、父の痛みも消えました。

ある夜、胸に猛烈な痛みを感じて目覚めました。それはひどい痛みで、すぐ

天使の秘密

天使は認めてもらうのが好きです。助けてくれた友人に感謝するように、願いがかなったら、感謝するのを忘れないでください。天使のエネルギーがさらにもらえるでしょう。

> ## 天使の秘密
> 天使の助けを借りれば、痛みに対処することができます。守護天使に痛みを取り除いてもらいたければ、目を閉じ、数回深呼吸してリラックスしてから、ただお願いしましょう。

さま父を心配しました。不気味な感覚と強い恐怖感に気分が悪くなるほどでした。誰かが死んだような気がして、動揺し、母に電話すると、午前3時50分に起こされた母は不機嫌な声で、父はぐっすり眠っている、医者に診てもらうべきなのは心配性の僕だと言いました。僕は混乱したままベッドに戻りました。

しばらくすると、電話が鳴りました。悲しいことに、それは義母からで、義父がたった今亡くなったという知らせでした。

大天使ラファエル

姿——ボトルかフラスコを抱え、右手の人差し指で天を指差しています。

関連するもの——薬剤師、薬局、盲人、恋人、看護師、羊飼い、旅行者、若者、セラピスト

祭事——祝日は、9月29日と10月24日。カトリックでは医療従事者の守護聖人

大天使ラファエルは癒しの天使です。絵画に描かれるラファエルは、たいてい使者の杖を持っています。杖は2匹の蛇が巻きつき、頂部に双翼があるもので、医術の象徴とされています(元々は「アスクレピオスの杖」で、それには1匹の蛇が巻きついているだけで翼はありません)。ラファエルの意味は、「神が癒す」あるいは「神のヒーラー」です。キリスト教、イスラム教、ユダヤ教の天使であり、「命の木」の守護者です。現代ヘブライ語で「医学博士」という意味もあります。

天使のヒーリングカード

　大天使ラファエルは、コインや小像などたくさんのギフト用品となっているため、ポケットやバッグに入れて持ち歩けます。何か手づくりしてみましょう。文具店で名刺サイズの厚紙を買い、それを利用して自分だけの天使のヒーリングカードをつくれば、ハンドバックや札入れにぴったりです。天使の絵がついているクリスマスカードなら完璧です。

　クレジットカードを型紙として、輪郭を描いて切り抜けば、ちょうどよいサイズになります。裏側に次のように手書きするか、印刷しましょう。

> ラファエル様、
> どうかこの人の健康を
> お守りください。
> 心から感謝します。

> ラファエル様、
> このカードの持ち主が、いつもあなたの
> 癒しの光に満ちていますように。
> 心から感謝します。

　何枚もつくって、贈り物にするのはどうでしょう？　パソコンを使って印刷し、裏には雑誌から天使の絵を切り抜いて貼ったり、自分で絵を描いたり、シールを貼ったりしてもかまいません。ジムバッグや机の引き出しや車にも、それぞれ1枚入れておきましょう。

エクササイズ
癒しの三角形の瞑想

1　目を閉じて、リラックスしてください。数回深呼吸したあと、両肩をまわします。腕と脚をすこし振って、力を抜いてください。快適な場所に座ったら、視覚化をはじめましょう。

2　厳かで力強い癒しの天使3人があなたを囲み、腕を伸ばしてあなたの頭に触れ、癒しの三角形をつくっているようすを思い描いてください。あなたは天使の手の下で、癒しの翼に守られています。

3 天使の手から注がれているのは、青色と金色の癒しのエネルギーのうねりです。この癒しのエネルギーは活力に満ちています。それが体を包み、外側のエネルギー体からあらゆる汚れ、緊張、病気を洗い流していくのを感じてください。このエクササイズには必要なだけ時間をかけましょう（10-20分）。

4 癒しのエネルギーが体のあらゆる毒素を浄化していくようすを思い描いてください。天使に青色と金色の光の力で毒素を洗い流させるのです。あなたの準備ができたら、天使はエネルギーの流れを止め、あなたを翼で包んで、癒しのハグをします。癒しの天使の愛に満ちたヒーリングを感じ取りましょう。終わったら、目を開け、微笑んでください！

エクササイズ
癒しの天使の祭壇をつくる

ヒーリング部門の特別な手助けを必要としている家族はいませんか？　いるなら、癒しの祭壇をつくりましょう。必要なものは次のとおりです。

- 癒しを必要としている人の写真。その人が幸せそうにくつろいでいる写真がなければ、その人を象徴する物を使ってください（アクセサリーやスカーフ、手袋、ネクタイなど、本人の持ち物なら最適です）。
- 祭壇布——青色か金色の布が見つかれば完璧ですが、なければ白色でもかまいません。枕カバー、テーブルクロス、絹スカーフなどで、テーブルや棚を覆ってください。
- キャンドル——できれば、青色か金色のキャンドルを使いましょう。香りつきキャンドルなら、最大の効果を出すために天然香料のものにしてください。ローズマリーやユーカリが理想的ですが、ラベンダーやローズでも十分代用できます。
- 天使の置物、天使のコイン、天使の絵
- クリアクオーツ（大きさは問わない）
- 花瓶に生けた新鮮な白い花（1輪だけでもよい）。鉢植えの白い花でもかまいません。

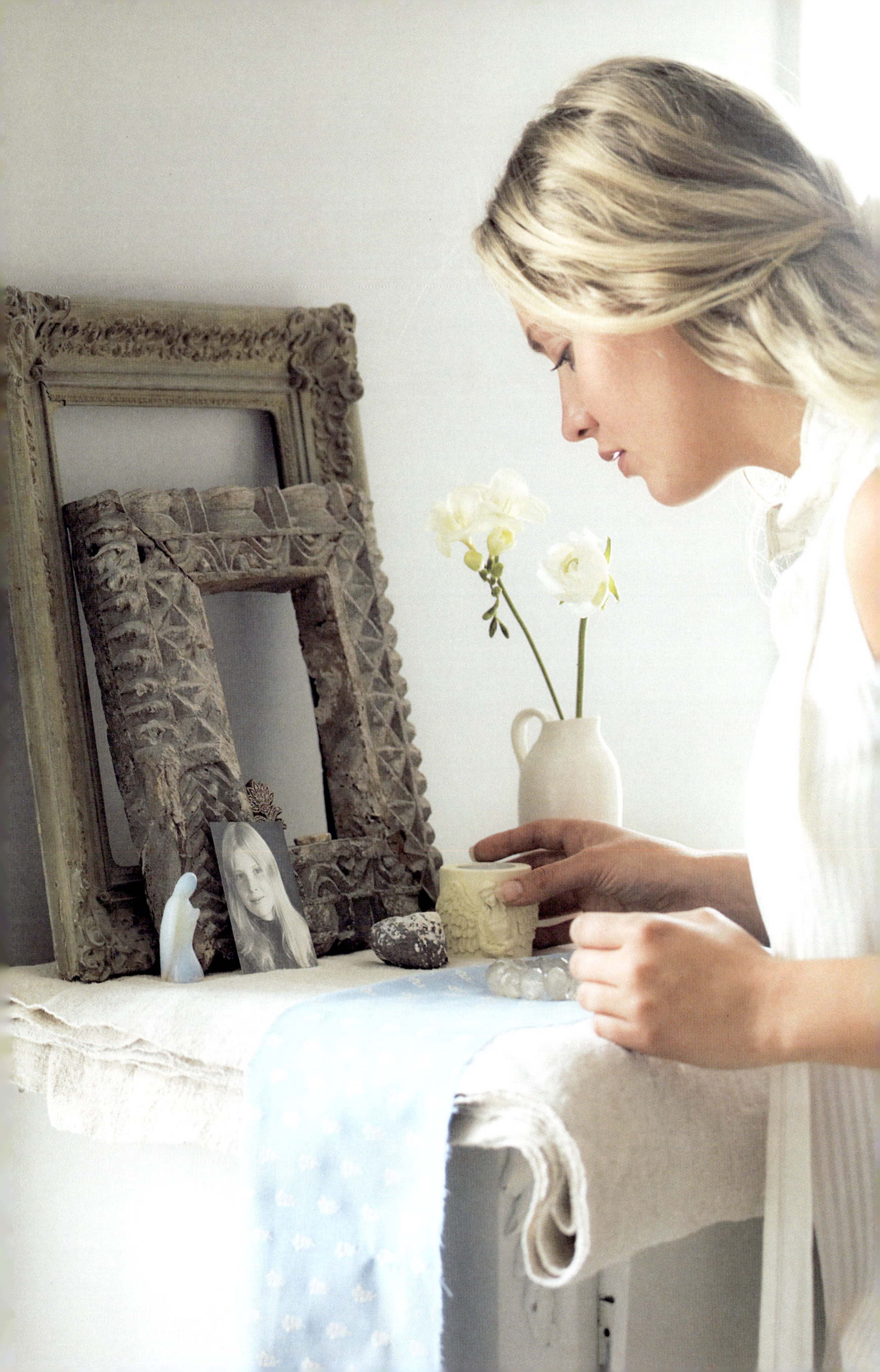

1 テーブル、カウンター、棚などに布を敷き、集めたものを飾り、キャンドルを灯したら、次の言葉を唱えてください。

癒しの天使よ、意志と至高善をお持ちの方よ、〔癒したい人の名前〕のために癒しのエネルギーを求めます。この人の心を光で照らし、できる限り健康を取り戻させてください。愛と感謝を送ります（好みでここに自分の名前を加えてください）。

2 椅子に座り、しばらく静かに瞑想し、リラックスしてください。愛する人が天使に癒されていくようすを思い描きましょう。

3 十分だと感じたら（およそ10分）、キャンドルを吹き消します。けっしてキャンドルを灯したまま部屋を出ないでください。その部屋で仕事や読書をするか、キャンドルに気をつけていられるなら、もうすこし灯したままでもかまいません。

実際にあった話
癒しの薔薇

　サリーは看護師でした。ある日、インフルエンザの予防接種のために高齢の女性を訪問しました。女性は数週間前に夫を亡くし、動揺していたので、サリーは心から気の毒に思いました。

　そこで、身を屈めて女性を抱きしめて力づけたところ、信じられないほど大きな思いやりと愛情を感じました。それは足元から全身へと駆け上っていきました。そして、女性を抱きしめたのは自分だけではないことに気づいたのです。

　なぜか、心のなかに1輪の薔薇が浮かびました。サリーは女性にたずねました。「あなたのお好きな花は何です？」もちろん、答えは「薔薇よ」でした！

実際にあった話
頭痛の天使

　ある日、母がひどい頭痛に襲われたので、ヒーリングをしたときのことです。母の首と肩に手を当てると、あるものに目を奪われました。それは大きな天使で、すぐに大天使ミカエルだとわかりました。とても背が高く、母の目の前に立っ

> ## 天使の秘密
>
> 天使に入院している人の世話を頼むこともできます。自分の守護天使から、その人の守護天使に見守るように頼んでもらうのです。しかし、人生の計画の邪魔はしないでください（地球でのレッスンのために病気を選ぶ場合もあるからです）。願いごとのあとには、必ず「もし、神の計画と至高善に対する〔その人の名前〕の意志にかなうなら」と付けかえてください。

ていたのです。ミカエルは王様がナイトの爵位を与えるときのような剣を持ち、その儀式のような動作で、最初は母の左肩に、次に右肩に剣を当てました。

　ミカエルはしばらくいましたが、私がヒーリングを終えると間もなく消え去りました。剣の形をはっきりと覚えていたので、あとで絵を描きました。今でもその絵を持っています。

死にゆく人びとを見守る天使

　看護師や医師など末期患者とかかわる人たちはよく天使を見ます。天使は死にゆく人や新生児を見守っているのです。天使は体を癒し、昏睡など意識変容状態にある人とコンタクトします。

　手術後に目覚めたとき、驚くべき話をする人は数多くいます。意識のないとき、守護天使が初めて目の前に現れ、いつも見守っている、まだあの世へ行く順番ではないと伝え、自分を体に戻してくれた、と言うのです。夜、病室を歩くあの謎の人影は誰でしょう？　もちろん天使です！

　意識があったりなかったりという状態のときには、守護天使を見やすくなるようです。人間の姿であったり、白い長上着を着て、翼を持ち、光り輝いている姿であったりします。慰めの言葉をささやいたり、ただ人の手に癒しの手を載せたりします。天使を見る、見ないにかかわらず、助けが必要なときには必ず側にいてくれることを理解してください。

私の父が昏睡状態で何週間も入院していたとき、夜はずっと側にいてあげたいと思ったものです。ある夜、父と一緒にいさせてくださいと天使に願いながら、眠りにつきました。翌朝、目覚めたとき、手に父の手を握っているような感覚が残っていました。家で眠っている間、私の魂は別の次元で病院にいたのでしょう。天使よ、感謝します！

天使の癒しのブローチ

お見舞いに行ったら、化粧ポーチや病衣に天使のブローチをつけてあげましょう（つけたことを知らせること）。そして、天使に、それは癒しを求めている印だと伝えてください。

ブローチやバッジは必ず患者の年齢に応じたものにしてください（窒息事故につながる危険があるので、幼い子どもの持ち物の近くに小さい物はおかないこと）。

幼い子どもなら、翼のあるテディベアなどのぬいぐるみのほうが適切です。天使の熊のぬいぐるみは、入院中の子どもにふさわしい贈り物でしょう（ラベルにその子の名前を書き入れましょう）。

最期のとき

死の差し迫った病人には、天使と一緒にいることが最適なヒーリングとなる場合もあります。その魂の「順番」が来て、病気が重く、幸福で心地よい生活が送れなくなっているなら、いちばんよいのは天使にあの世へ送り届けてもらうことです。心

天使の秘密

天使は、成長や人生の旅に支障がなければ、痛みを抱えている人も助けます。救急車や事故を見かけたり、痛みに苦しんでいる人を見たりしたら、守護天使に適切なヒーリングをして、痛みを取り除いてあげてくださいと願いましょう。運がよければ、ヒーリングをしている天使を見られるかもしれません！

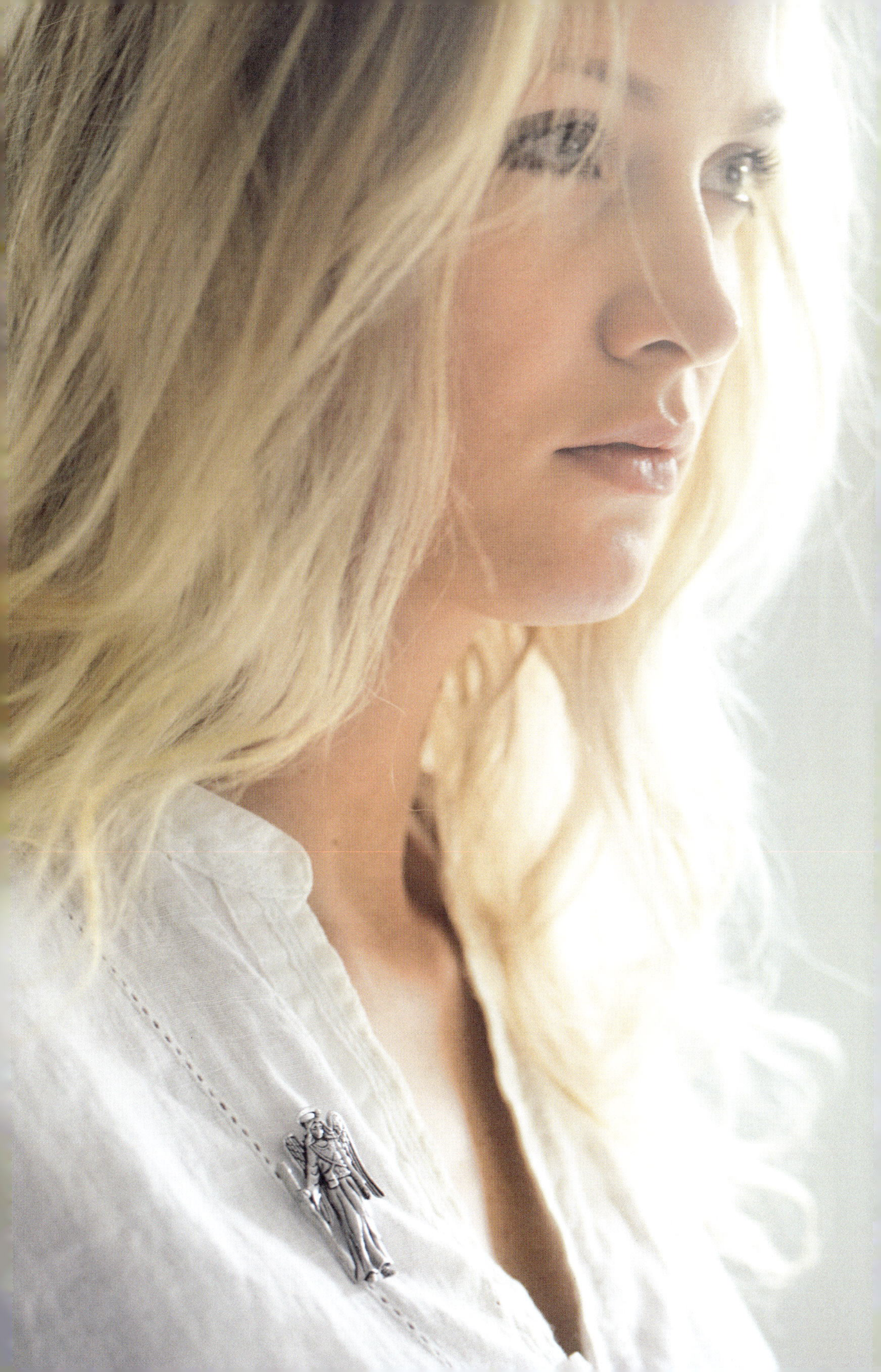

配しないでください。天使は順番が来ていない人を連れ去ったりしません(そうなっても、あなたのせいではありません。考えたり、願ったりするだけで、そんなことは起こりません)。

　死期の近づいた人が最期の瞬間に、天使や、すでに亡くなった人を見るのはよくあることです。天使がいるべき場所にいることだけでなく、愛する人が天使がいることに気づいているとわかるなんて、なんという慰めでしょう。

　人を天国へ送り届ける「死の天使」はアズラエルです。この思いやり深い天使は、あの世への旅の直前、魂が体を離れるときに人が見る最初の存在であることが多いです。

　しかし、アズラエルだけであることはまれです。その魂の守護天使も伴われ、また、たいていはあの世からこちらへ迎えに来た肉親も死にゆく人に付き添ってくれます。

あの世でのヒーリング

　霊的な体には、物質的な体にあった病気や障害はもうありません。あの世へ行けば、魂はふたたび完全な存在になるのです。

　あの世(天国)は、病院のようなところだと感じる魂もいます。その「病院」が、あの世の天使たちに見守られているからです。時折、この世にいる人も夢のような体験のなかで天国へ招かれ、愛する肉親に会うことができます。また、事故で無意識状態になった人が、あの世を見たあとに物質的な体に戻ることもあります。

　魂のなかには、天国の病院のベッドで「目覚める」もの、魂を癒し、ふたたび完全な存在になるための癒しの個室に入るのを選ぶものもいます。その間も天使が見守り、気遣ってくれます。

　しかし、多くの魂は、トンネルを抜け、光を浴びながら天国に入ったとたんに癒されます。地球で手足を失っても、天国へ行けば奇跡のように元に戻ります。車椅子や杖を使っていた人も天国ではもう必要ありません。天使が魂に付き添い、ふたた

び完全な存在になるための場所へ導いてくれます。

　十分な証拠がなければ、こんな話はしません。あの世を垣間見てから戻ってきた数多くの魂が、この世の愛する人に、魂の旅で「何が起こったのか」を伝えています。私はたくさんの体験談を読みました。

実際にあった話
天国を訪れた息子

　母は2005年に亡くなりました。ところが、およそ1年後、10歳の息子トビーがおばあちゃんを見たのです。列車に乗っていると、息子の隣の席に母が現れました。息子の言葉によれば、おばあちゃんはほんとうにそこにいるかのようでした。

　また、トビーはよく、「光」のなかのおばあちゃんを見たと言います。会いに行くと、おばあちゃんも一緒にいる人たちも真っ白い光に包まれているのです。これはたいてい夜に起こります。最近では、数日前の夜でした。先に言っておくべき重要なことが2つあります。1つめは、その前日に家族の親しい友人アランが癌で亡くなったこと。2つめは、2週間前にトビーが腕を折り、今もギプスをつけていることです。

　トビーは当然のようにこう言いました。「ママ、忘れていたけど、昨日の夜、またおばあちゃんに会ったよ」「すばらしいわね」と私は答えました。「それで、何があったの？」トビーによれば、夢を見ていたわけではなく、「光」を見たかと思ったら、おばあちゃんの家にいました。私は夢中になりました。トビーは明らかに「あの世」を訪れたようだったからです。

　そこにはおじいちゃん（私の父。トビーは会ったことはありません）もいて、面白いジョークを言ったそうです。また、すでに死んだ我が家の猫たちもいたそうです。「聞いてよ、ママ。ミスター・カット（半年前に死んだ猫）が僕の膝に飛び乗ったんだよ！」ミスター・カットはトビーと心で会話ができたそうです。

　「おばあちゃんが、どうして腕を折ったのかって聞いたよ」おばあちゃんの「家」ではギプスがついていなかったので、トビーは不思議に思ったそうです。

　まだ不思議なことがありました。「ママ、僕、アランにも会ったんだ。ベッドに寝てたよ。死んだばかりだから、しばらく休まなくてはならないんだって」もう1

つ小さなことを思い出したとき、トビーは驚いているようでした。「アランには皺がなかった。顔がつるつるだったよ！」

さらにトビーは、「ポータル」と呼ばれるものを見たと教えてくれました。それは小さな黒い穴で、「もう帰る時間だ」という声がして、トビーをその「ポータル」へ導いてくれたそうです。それに向かって走っていくと、その穴から自分の寝室が見えました。そして、穴に飛び込むと、自分のベッドに戻っていたのです。寝室に戻ってまずしたことは、腕をつかんでギプスがあるかどうか確かめることでした（ちゃんとありました）。

その話をしたあと、トビーはインターネットで「ポータル」という言葉を検索し、自分が見たもののイメージを私に見せようとしました。数分後、興奮気味に私を呼ぶと、実際に見たものに似た写真があったと教えてくれました（著者追記——その写真を見て思い出したのは、テレビ番組『スターゲイト』に出てくるゲイトのなかのきらめく液体エネルギーでした）。

あの世からの訪問

あの世を訪れるチャンスをつかむ人はそういませんが、魂がこの世に来て、再会を喜んだという事例はたくさんあります。その短い旅に付き添うのが天使です。

こちら側を訪れるために、天使と亡くなった人は波動（エネルギーの振動数）を変える必要があります。これには大変な労力が必要なため、ほんの短い時間しか滞在できません。

愛する人があの世から天使と共に会いに来てくれたことがありますか？　これは驚くほどよくある話です。天使はたいてい、その人の背後に立っています。男性や女性の姿の場合もあれば、背が高く、威厳があり、翼を持ち、輝いているというまさしく天使の姿で現れる場合もあります。事前に訪問を知らせてくれることもあり、それなら怯えることなく、落ち着いて会うことができるでしょう。

そのあとは、あの世があるのだとわかったことで、心がおおいに癒されます。愛する人を失うのはとても悲しいことですが、最後にもう一度だけその人を連れてくることで、天使がその痛みを和らげてくれるのです。

こういう訪問には多くの条件があり、よくあるとは言っても、誰もがそれほど幸運に恵まれるわけではありません。人間には理解できない多くの要素があり、魂がふた

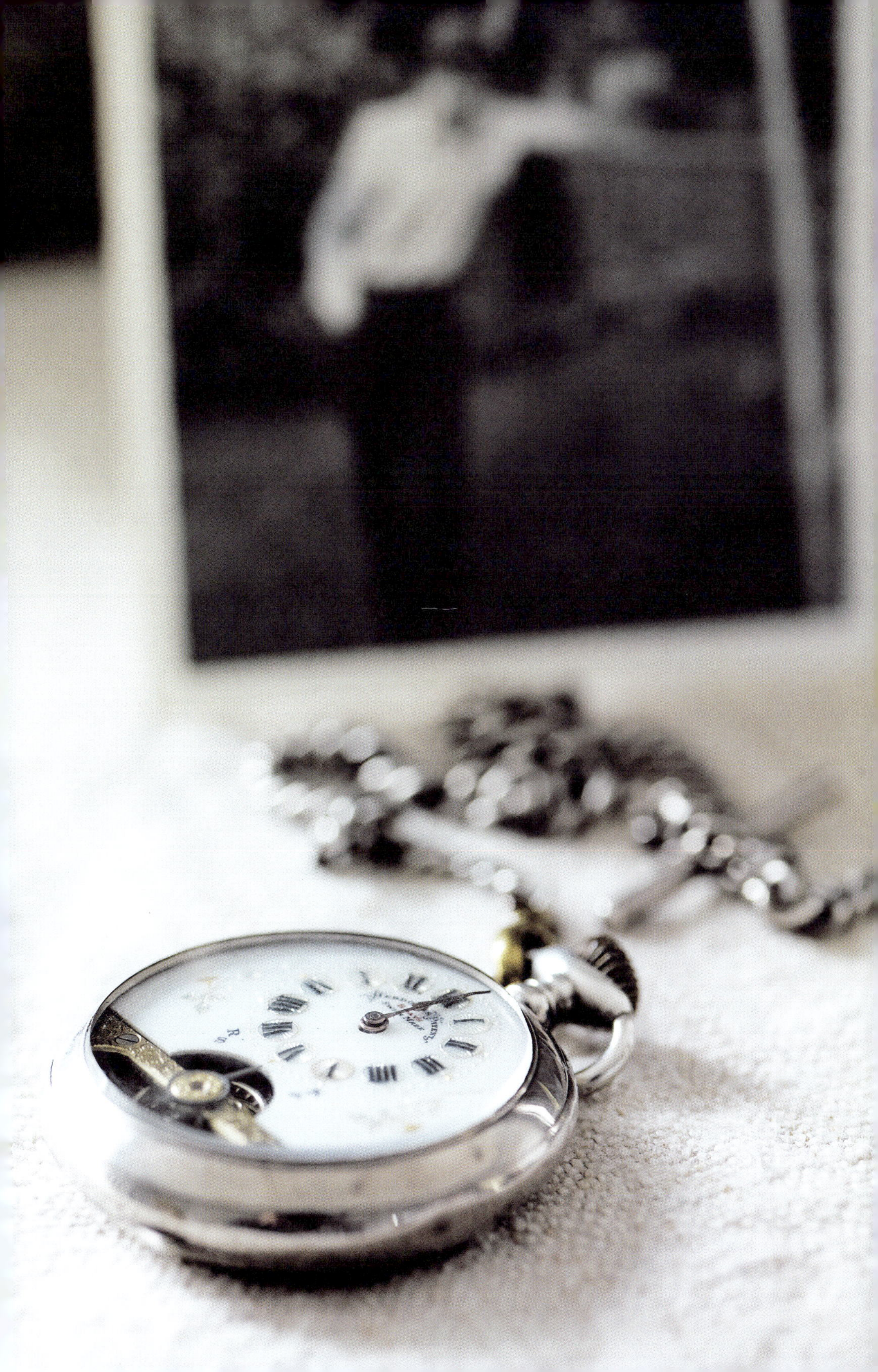

> ## 天使の秘密
>
> 愛する人に来てもらいたいなら、来てほしいと頼んでください。夢のなかで愛する人があの世から訪れる体験（体は眠っているが心は起きている状態）は恐ろしいものではなく、それどころか人生を変え、救ってくれさえします。その人の写真や持ち物があれば、その人に対する愛情がよみがえり、その愛情を架け橋として、愛する人が最後のお別れのために戻ってくることができます。

たびこの世を訪れることができるかどうかは、それによって決まります。このテーマの本はたくさんあるので、読んで元気を出してください。死後も存在する魂についての体験談も何千件とあります。人生はあの世でもつづいているのです。

実際にあった話
癒しの天使に会う

サマセットで週末を過ごしたとき、すばらしい体験をしました。癒しの瞑想をするグループに入り、自分の体が徐々に浮かび上がっていく視覚化の方法を学んでいたときのことです。

突然、美しい光の柱が心に浮かびました（これは私にとっての天使で、圧倒されるほど大きな愛と思いやりが感じられました）。天使は金色の液体の入ったゴブレットを持ち、それを私の口に注ぎました。喉を落ちていく液体は温かく、気分が落ち着きました。液体が心臓に届くと、そこに留まり、心臓をしっかりと包み込み、守っているのがわかりました。

そのとき気づいたのですが、しばらく前から感じていた喉の異常は、体の問題ではなく霊的な問題だったのかもしれません。ほんとうにすばらしい体験でした。

エクササイズ
セルフヒーリングのための瞑想

体の調子がよくなければ、この瞑想を試せばよくなるかもしれません（回復しなければ、医師の診察を受けてください）。

1　ベッドに横たわります。目を閉じ、天使があなたをのぞき込むように、癒しの光の柱を手に立っていると想像しましょう。光は頭から徐々に下へ移動し、体から足へと進んでいきます。好きなだけ時間をかけてください。光の温かさと、それがもたらす穏やかで愛に満ちた感覚を味わいましょう。

2　1日の疲れが出て、眠ってしまうかもしれません。そうなっても問題はなく、瞑想の妨げになるわけではありません（その後の予定があれば、アラームをセットしてください）。

3　準備ができたら、静かに上半身を起こし、目を開けてください。体験したことを天使ノートに書きましょう。元気の出るような温かい飲み物を飲んで目を覚ましましょう。よく味わってください！

最高の健康状態にある自分が見える。
生き生きと生命力に輝いている。

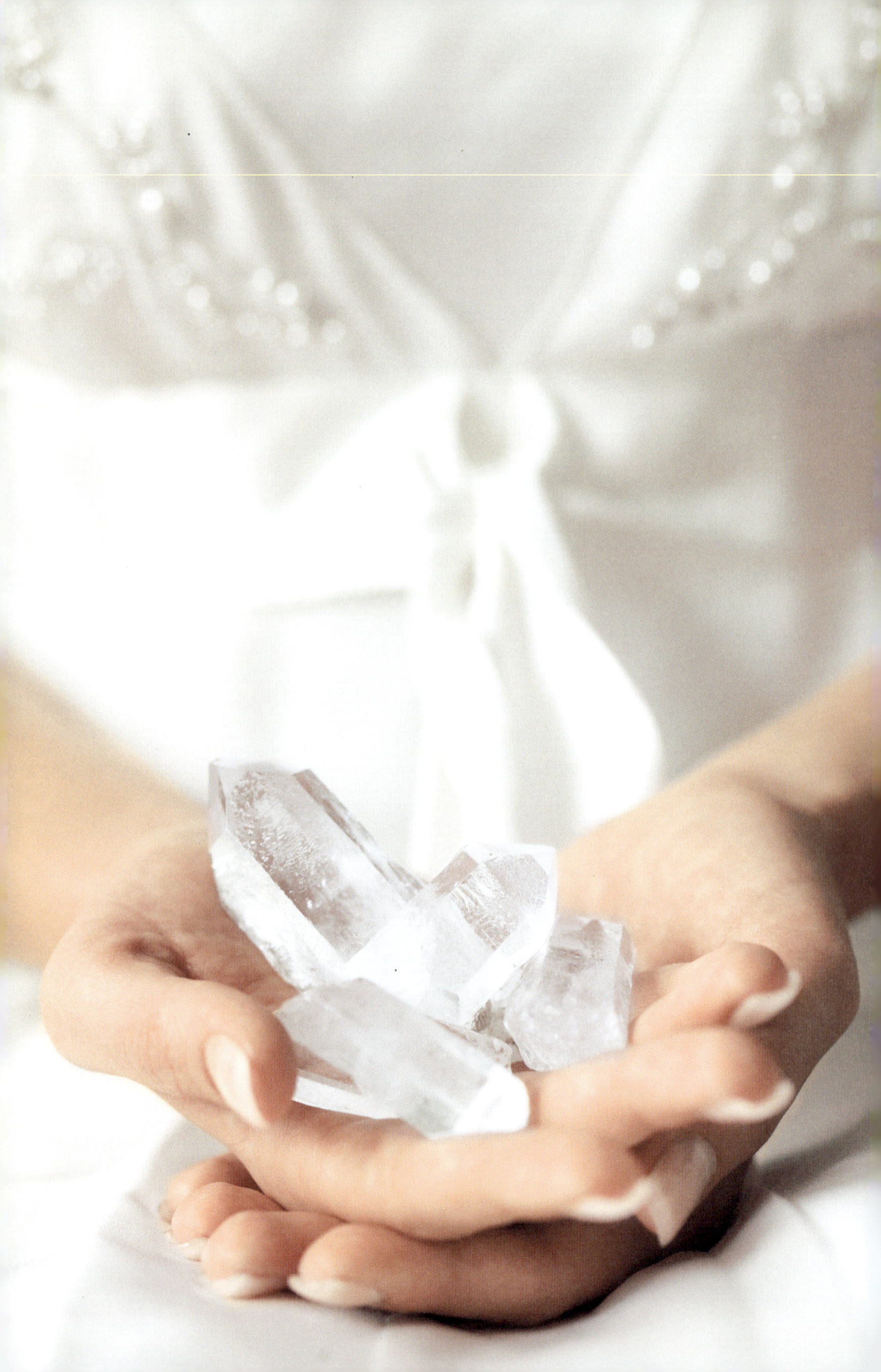

天使とお金

宇宙の豊かさを
すべてあなたに与えよう。
何を求めようと、あなたのものになる。

　人間の歴史は、眠っていた霊的な力が目覚める時代に入ろうとしています。人間の進化におけるこの変化の先頭に立ち、導いているのが天使です。

　人間は運命として「力」という能力を与えられました。これは、どんな状況であれ、すでに現実になっていると考えるだけで、実現させることのできる「力」のことです。たとえ体が不自由でも、意志の強い人はあきらめません。やる気さえあれば道は開けるのです。

　人間は長い間、生き方を選ぶ可能性を無限に持ちながら、休眠状態にありました。ついに今、人間が「力」に目覚めつつあることに天使は喜んでいます。しかし、この「力」は、人を支配し、思いどおりに扱うためのものではありません。大切なのは、状況は自分で変えられることに気づくことです。

　人間はあまりに長い間、人生の問題を、政府や宗教、雇用主や隣人のせいにしてきました。しかし、今の自分の状況は、過去に起こったことのせいではありません。また、これまで起こった問題は、学び、成長するための輪廻の体験なのです。

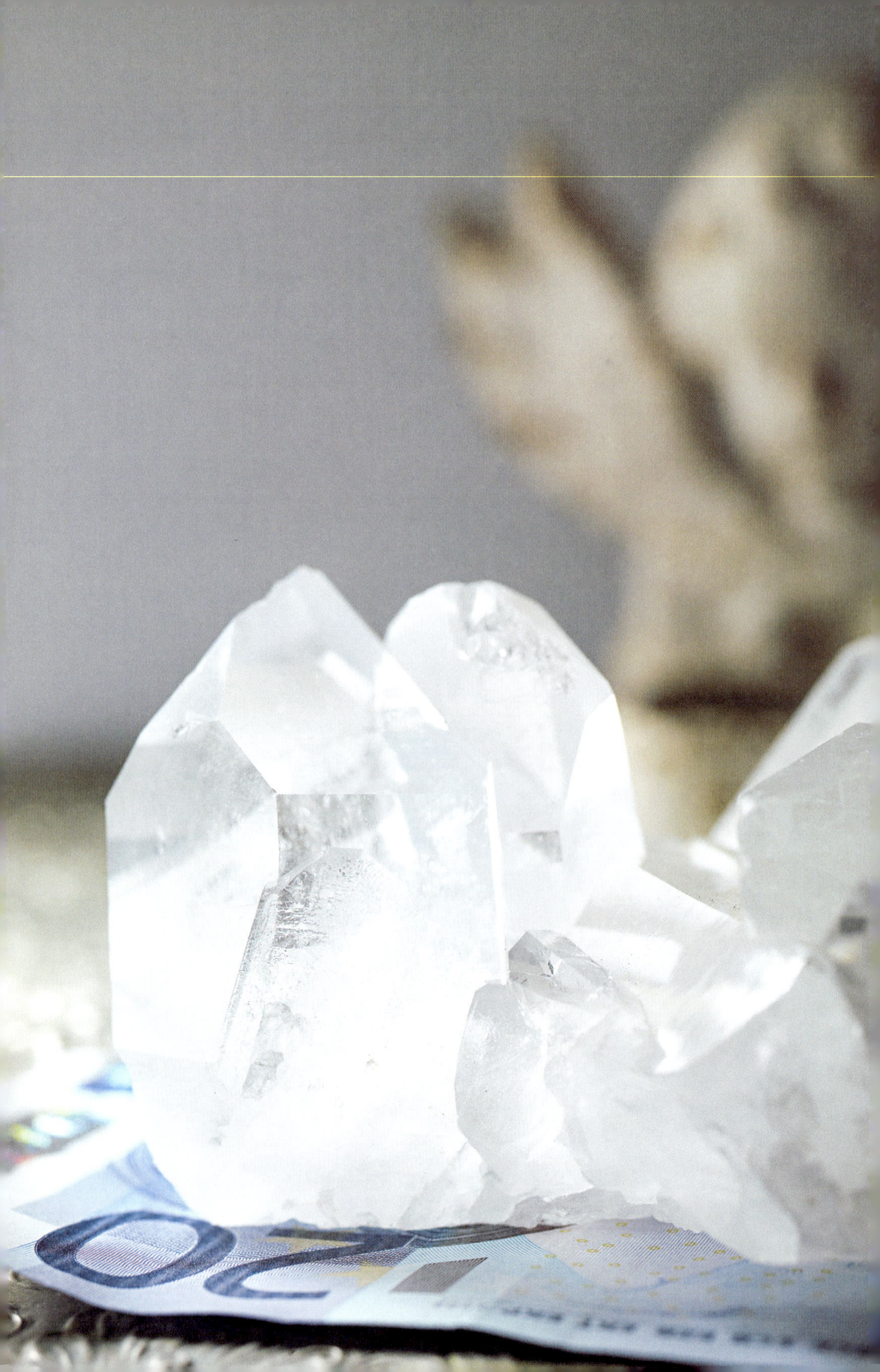

> ## 天使の秘密
>
> どんなものであれ富を築きたければ、そのための空間をつくる必要があります。天使に助けを借りて、実際に空間をつくることで、人生に最良の変化を起こしてください。物置からがらくたを運び出し、慈善団体に寄付するか、必要ないものは売りましょう（必要なものを買うお金になります）。思い切って不要品を処分して空間をつくれば、そこはすぐに、今、人生に必要なもので埋まっていくでしょう。

今後、人生に起こることには責任を持ってください。私のワークショップでは、「守護天使に会う瞑想」をよく行いますが（「天使と出会う」p. 20-21を参照）、そこで天使から贈り物として、白紙の本や巻物をもらう人が驚くほどたくさんいます。それは、「自分だけの人生をつくりなさい。自分の人生の脚本を書きなさい！」というメッセージなのです。そうできることを知っていましたか？　知らない人は大勢います。

人がおずおずと第1歩を踏み出すとき、天使はいつものように側にいてくれます。今日、財政的な状況を変えましょう。望む人生を計画し、日々実践するのです。今より豊かな新しい人生とは、今とは違う生計の立て方を意味します。もっと簡素な生活をすれば、お金を使う時間も減り、切り詰めることができます。けれども、その生活で満足できますか？　よく考え、自分が行くべき場所へ行けるよう天使に力を貸してもらいましょう。

エクササイズ
富を生む祭壇をつくる

1　自宅の壁に金色か銀色に塗った棚を取り付けてください。小さなテーブルに金色か銀色の布かショールをかけてもよいでしょう。

2　祭壇の中央に大きめの天使の置物をおき、その横に金色か銀色のキャンド

ルをおいてください。守護天使の象徴である置物に、富を増やすチャンスを願いましょう。

3　祭壇の右側に黄色の花を活けた花瓶をおいてください。そうすることで願いのエネルギーを新鮮に保つことができます。

4　祭壇の左側には大きめの水晶(クリアクオーツ)をおき、その下にお札を入れてください。水晶が蓄電器となって、お札にエネルギーを充電してくれます。

5　次の言葉を3回(魔法の数字)繰り返してください。
天使が私を導いてくれる。
豊かさを与えてくれる。

お金が必要になるたびに、祭壇に小さなキャンドルを灯しましょう。祭壇はつねに埃を払って清潔にし、花を飾るなら新鮮な花にしてください。枯れた花を飾った埃っぽい祭壇では、財布が空っぽになってしまいますよ！

天使の秘密

お金の流れを保つには、すこし使う必要があることを天使は知っています。貯め込まず、ときには小さな買い物をして、財布やハンドバッグや銀行口座からエネルギーを出入りさせてください。大丈夫、信じなさい！

富を生むクリスタル

天使は自然のエネルギーを高めるものが大好きです。お金につながるクリスタルがいくつかあります。ポケットやハンドバッグに入れたり、アクセサリーとして身に着けたりしましょう。

次のページにある富を生むクリスタルをいくつか試し、効果を確かめてください。

富を呼ぶためによく使われるのが緑色のクリスタルです。天使の形のクリスタルを探しましょう(ネットショップで販売)。小さいものは持ち歩くのに、大き

富を生むクリスタルと効用

クリスタル	特質と効用
スモーキークオーツ	持っているものを増やすパワーストーン
サファイア	さらにお金を増やす
クリアクオーツ	お金の横か上におくと増える
シトリン	保護。お金を安全に守る
アベンチュリン	金運を上げる
グリーンカルサイト	お金との関係を癒す

いものは祭壇に飾るのに最適です。

天使とお金の関係

　天使はお金にかかわらないと考える人は多いですが、そうではありません。お金も宇宙の創造的な力の1つであり、エネルギーです。昔、人間は物々交換をしていました。豊富にあるものを必要な物と交換したのです。しかし、ジャムがほしくても、ジャムを持っている人がスカーフをほしがり、あなたにスカーフをつくる羊毛がなければ、誰か羊毛を持ち、あなたが栽培したニンジンをほしがる人を見つけなければなりません。ふう！　この制度がどれほど大変かわかりましたか？　よいアイデアですが、欠点もあったのです。

　宝石や貝殻、ときには茶さえもお金として利用しました。シベリアでは19世紀まで、茶の塊を現金として使っていたのです。

　お金は物々交換の現代版です。必要な物を買えない人がいれば、天使は手助けします。けれども、床に落ちているコインを見つけさせることはあっても、現金を直接動かすことはありません。ただ、生活に必要なお金が手に入るように人を導いてくれます。現代の生活には、衣食住だけでなく、暖房や移動にもお金が欠か

> ## 天使の秘密
>
> 天使に頼めば、人だけでなくお金も見守ってくれます。財布にお金と一緒に天使のコイン（ギフトショップで販売）や天使の絵（小さなカードに絵を描くか貼る）を入れましょう。そして、コインや絵を捧げ、お金のことを頼みます。そのあと、「感謝」するのを忘れないでください。こう願いましょう。「天使よ、このコイン／絵を私のお金の守護者として捧げます。どうかお金を守ってください」

せないからです。

　生活に必要なお金が手に入らないような状況なら、天使が変化を起こして、もうお金に困らないようにしてくれます。よくわからないって？　確かに！

　例を挙げましょう。もし、あなたが夢を追わずに間違った道を歩んでいれば、天使はあなたを失業させます（人生の計画を順調に進めるためなら、あなたが人生に変化を求めることを知っているからです）。その結果、会社があなたの仕事はもう必要ないという決定を下します。うろたえたあなたは、天使に捨てられたと思うでしょう。けれども、もう家賃を払えなくなった古いお屋敷を出て、夢だった海辺の土地に立つ、安価で現代的な家（手入れも簡単）へ移り住むほうが、あなたと家族にはよいことなのかもしれません。もう仕事に縛られることなく、どこでも好きな土地へ引っ越すことができるのです！

　変化は恐ろしいものですが、チャンスとして捉えるべきです。「この出来事から何が学べるだろう？」と自問しましょう。天使は人に必要なものを与えてくれます。ただ、それが人のほしいものとは限りません。

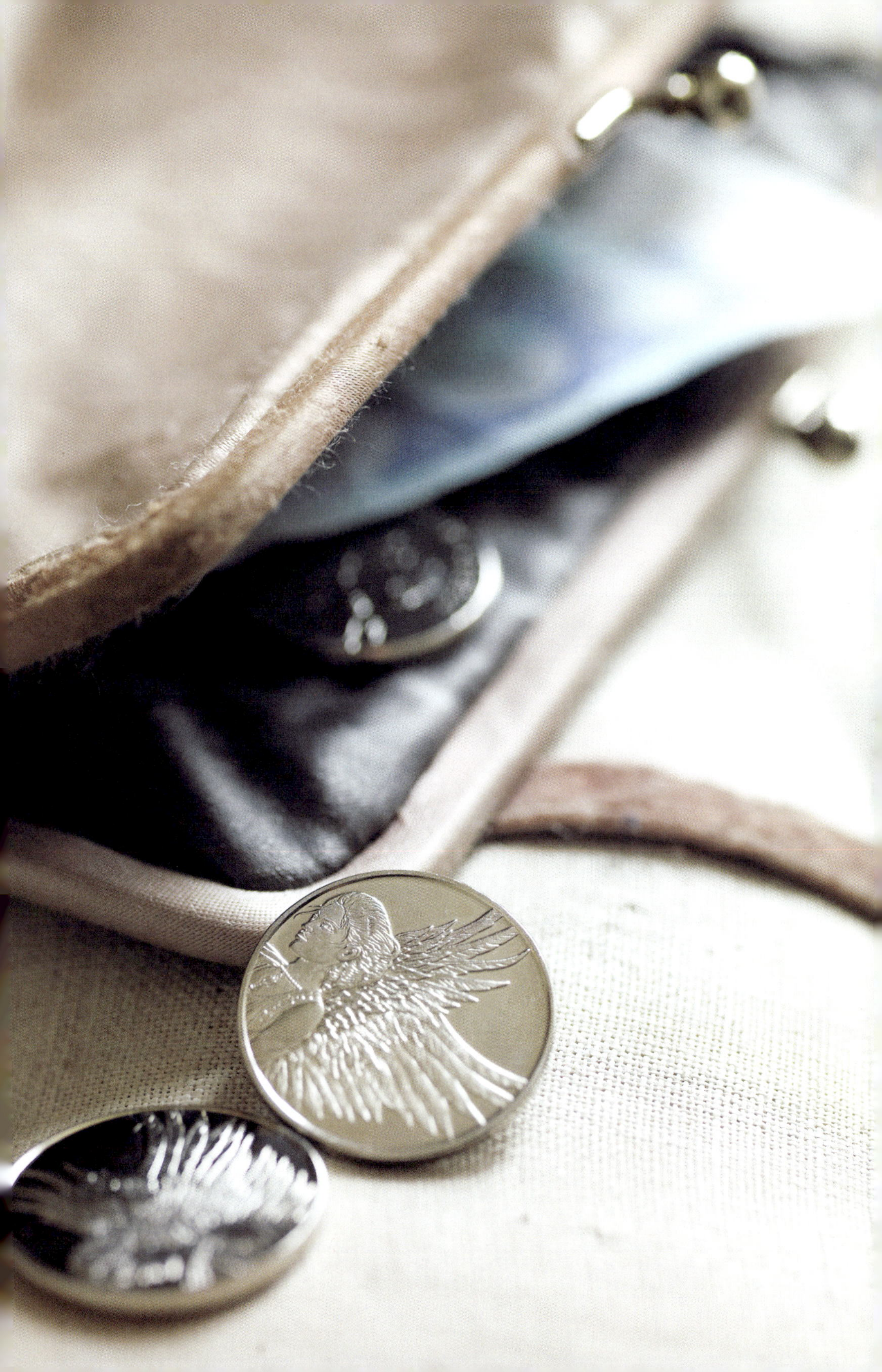

> ### 天使の秘密
>
> 天使は感謝されるのが好きです。感謝の気持ちを伝えるのは大切なことです。感謝すれば、それが磁石となり、また同じものが自分のほうへ引きつけられてきます。昇給？ スクラッチカードの当たり？ お金の入り方はどうあれ、心からの感謝を伝えることを忘れなければ、もっとお金が入ってきます。

お金に関連する大天使

　大天使チャミュエルとミカエルは、お金を含めて失くし物を見つけてくれます。ミカエルは戦いの天使（保護者）として、お金や大切な物を守ってくれるでしょう。お金の問題を抱えているなら、相談相手はミカエルです。けれども、天使はお金より愛を好みます！

お金を求める

　天使に直接、お金を求めてもよいですが、望んだ結果が出ない可能性もあります。そのため、次のように願ってください。

　「愛しい天使よ、どうか〔具体的な金額〕が、どんな方法であれ最適な方法で、至高善のために、私の人生に現れますように。それがあなたの意志に適ったものでありますように（宗教があれば、「アーメン」など適切な言葉で締めくくってください。ただ「愛と感謝を込めて」でもかまいません）。

　口で言う代わりに書きとめてもかまいません。天使は現金ではなく、必要な物を与えてくれる場合もあります。あるいは、税金の払い戻しがあったり、予期せぬ遺産が入ったり、忘れていた銀行口座に利子がついていたり、ソファのアームの下から現金が出てきたりするかもしれません！

　次の実話は、まさにそんな天使の解決法を伝えています。この女性は突然、札束を見つけたわけではありませんが、必要な支援をもらいました。札束よりよい解決法でしょう？

実際にあった話
天使の手助け

　23歳のとき、4人目の子を授かりました。夫は嫉妬深く、独占欲の強い、人でなしでした。支配欲も強く、トイレの時間、保護者会へ出かけた時間、買い物の時間など、私が何をしても時間を計ったものです。

　あれはひどく冷え込み、大雪が降った日でした。3歳の息子をベビーカーに乗せ、娘2人を両側に従えて、商店街までかなりの距離をとぼとぼ歩いて行きました。帰り道では、どれだけ時間がかかるだろうと不安でなりません。ベビーカーのハンドルに買い物袋をいくつもぶら下げ、両手にも持っていました。あまりの寒さに幼い子どもたちは泣きはじめ、おまけに道のりの4分の3位まで来たとき、考えられないことが起きました。ベビーカーが壊れたのです。息子は叫び、娘たちは泣き、私は足首まで雪に埋もれて立ちすくみました。帰宅が遅れればどうなるかは別にしても、子どもたちと食料品をどうやって家まで運べばよいのか。公衆電話を使うお金もなく、当時はまだ携帯電話もありません。私はただ呆然としていました。

　すると、どこからともなくワゴン車が現れ、女性が降り立つと、家まで送ってあげると言うのです！　女性は子どもたちと買い物袋を車に乗せるのを手伝ってくれました。夫は私がよその人と話すのを嫌うので、乗せてもらったら問題が起こることはわかっていましたが、幼い子どもたちを寒さから救うにはそうするしかありません。家に着くと女性は私を玄関前で降ろし、子どもたちと買い物袋を降ろすのも手伝ってくれました。そして、最後の袋を車から降ろした直後、女性も車も消えたのです！　女性が車に乗るのも、車が走り去るのも見ませんでした。

　その日は帰りが遅れても大丈夫でした。夫は眠り込んでいたからで

天使の秘密

天使はよく人間に小さな贈り物をします。たいてい羽根やコインなど控えめなものですが、それは天国から届けられた小銭なのです。あなたも天使に小銭を頼んでみましょう。

す。神様も天使もいます。私にはそれがわかりました！

実際に起こった不思議なお金の話

この体験談の背後には天使がいたと思いますか？

- アルゼンチンのサンフアンで、バスの乗客が大金入りの鞄を車内におき忘れてしまいました。勤務の終わりに150万ペソ入りの鞄を見つけた運転手アルベルトは、バス停で途方にくれていたその乗客に鞄を返しました。持ち主は手つかずの現金を見て、よく乗客に盗まれなかったものだと不思議に思ったのでした。多分、天使がお金を見張っていたのでしょう！
- 米国ジョージア州に住むシュンダ・パーマーはとても不思議な夢を見ました。夢には番号リストが出てきて、目覚めたあともその番号を覚えていました。そこで、運試しにその夢の番号で宝くじを買ってみると、なんと93,000ドル以上も当たったのです！
- オーストラリアのある学生は両親の財政問題に悩んでいました。そんなとき、古い宝くじの束を見ていると、13万オーストラリアドルが当たっているものがあり、唖然としました。それは1年ほど前のもので、有効期限切れまであとたった数週間でした。不思議なことに、その宝くじは父親からのプレゼントでした。学生は両親を援助できることに大喜びしました。

　守護天使の手助けでしょうか、それとも不思議な偶然の一致でしょうか？　決めるのはあなたです！

富を生むアファメーション

　アファメーションは変化を起こすための強力な道具です。単純な文章を力強いメッセージにして、何度も繰り返し唱えたり、読んだりします。ここでお金を手に入れるアファメーションを紹介します。手書きするか、印刷して、ベッドの横においてください。毎晩、眠りに就く前に読みましょう。

　「私には夢みた以上のお金があります。必要以上にあるので、残りは人びとのために使います。天使よ、この富に感謝します」

お金の天使になって、お金を与える

　富を築くことは、貪欲なことでも自己中心主義でもありません。お金を増やすためには、その流れをよくする必要があります。もっとお金がほしければ、他人が豊かになるのを助けてください。地域に協力できる慈善団体はありませんか？　外国の貧しい子どもを援助できませんか？　他人の人生を豊かにする方法を探しましょう。

　十分の一税はどうでしょう？　たくさんの成功者が収入の1割を寄付しています。昔は宗教組織や慈善団体への支援でしたが、人生に喜びをもたらすためでもありました。

　収入の1割は神のものであり、自分のものだと考えるべきではないと信じる人もいます。元々は収入ではなく、土地など所有財産に対する税だったという人もいます。あなたは十分の一税についてどう思いますか？

*私はいつも
経済的に安定し、
守られている。*

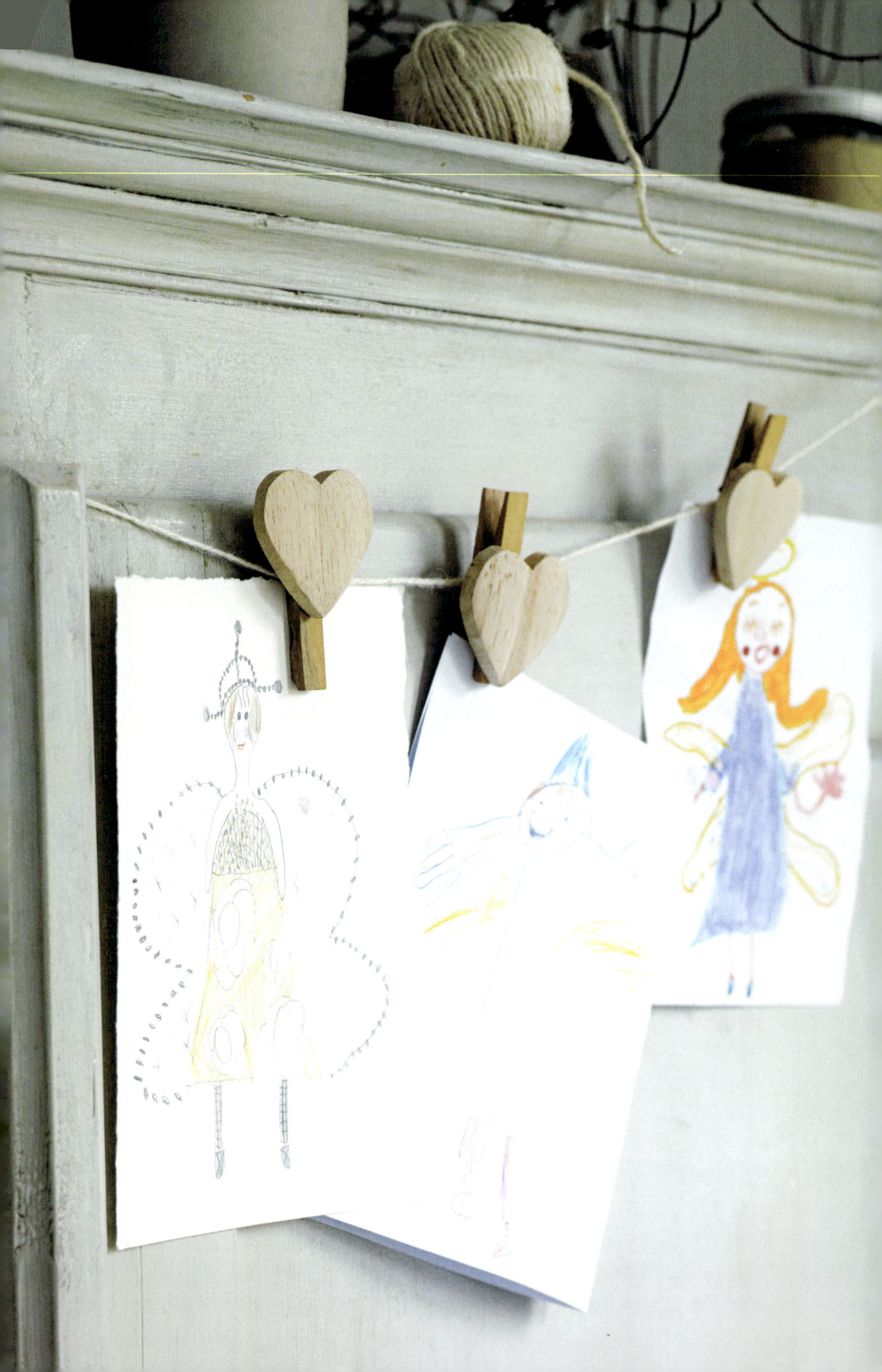

天使と保護

神は天使に人間を見守るよう求める。
私たちは特別な子どもである
あなたの側にいて、大切に守っている。

　天使の最大の役割は人を保護することであり、私が聞いた魔法のような実話のいくつかは、天使が悲劇に手を差し伸べたというものです。人生の試練の多くは、人が学び、成長するためのものですが、そうでないものもあります。また、まだ「順番」でなければ、天使が命を救ってくれます。劇的な救出作戦を行い、「計画」をすこし変えてはどうかと勧めます。すでに何度も救われているのかもしれません。

　旅行を計画しながら、衝動的にルートを変えたことはありませんか？　いつもの散歩に出ながら、これといった理由もなく行き先を変えたことはありませんか？　ふと思い立って友人に電話したら、ちょうど相手が助けを求めていたことはありませんか？　天使は人間のために偶然の一致を起こします。ほんのわずかなサインによって、その人自身やほかの人を導き、守ろうとしているのです。

　守護天使は毎日、舞台裏で働いています。人を愛し、世話をし、保護しています。人生という混乱のなかで進むべき道を見つけるのを助けます。内容の性質上、この章は天使の実話でいっぱいです。保護は、守護天使が人間に与える最大の贈り物です。

実際にあった話
人を見守る天使

最近、友人とキューバへ行ったとき、あなたの天使の本も持っていきました。友人はあの世も天使も信じていないので、私の興味を知ると笑いました。説明しても、彼女は天使の存在を認めてくれませんでした。

友人はスカイダイビングに挑戦しました。事故を心配した私は、天使に保護を求めました。ダイバーが次々とビーチに着地するのを見ながら、何度も「どうか友人を守ってください」と天使に祈ったのです。

着地した友人に走り寄って抱きしめると、その第一声は、「一緒に飛び降りたインストラクターはガブリエルよ」でした。そこで、「それは大天使の名前よ。きっと私があなたを守ってと頼んだからよ」と言ったのですが、友人は信じません。

翌日、スカイダイビングのようすを映したビデオを観ると、最後にインストラクターの名前が流れました。けれども、ガブリエルという名前はなかったのです。あの日、彼は友人を守るために遣わされたのでしょうか？ 私はそう信じています。

実際にあった話
車の故障

私とパートナーは、彼の弟の40歳の誕生パーティーのためにブリストルへ車を走らせていました。その車に乗るとすぐに、車の何かがおかしいという嫌な感じがしました。不思議な予感がしたの

です。

　1時間ほど走ったころ、ある光景が目に浮かびました。その光景からタイヤの1つに問題があるとわかり、天使に目的地まで無事に着けますようにお願いしたところ、問題なく到着しました。

　念のため、パーティーの間に車を点検してもらいました。すると、整備士が驚いた顔で、生きていられて幸運ですよ、と言ったのです。車輪のナットがいくつか緩み、1つはすでに外れていたのでした。それを聞いて私がどう反応したか、想像してみてください！

　ほんとうに耳を疑いました。同時にあの光景を思い出し、単なる想像ではなかったとわかったのです。今では、天使が家族を見守ってくれていると確信しています。

　けれども、もう運を試すつもりはありません。次回はすぐに自分の予感に従うでしょう。

予感や直観

　ふいに何かを感じる「予感」は、直観、第六感とも呼ばれます。こういった感覚がしたら、天使がメッセージを送っているのです。メッセージを感じ取っても、それは人には説明しづらいものです。これは、体が身を守るために情報を拾い上げているのであり、自然なことだと考える人もいます。野生動物も同じように本能に頼りながら生きています。

　似たような体験をしたことがありますか？

　自分の内なる誘導システムを監視し、警告信号に注意を払ってください。天使があなたを助けようとしていませんか？　あなたを守ろうとするサインに注意しましょう。

> **天使の秘密**
>
> 天使は人に、守り、世話をする許可を求めています。独りぼっちで怯えているなら、天使に助けを求めてください。一緒にいてくださいと頼みましょう。

実際にあった話
翼のある女性

　ある夜、入浴していると、長男の叫び声が聞こえてきました。「階段に女の人がいる！　翼がついてるよ！」

　最初はふざけているのだろうと本気にしませんでした。けれども、声が怯えたものになったので、浴槽から飛び出しました。バスルームから出ると、次男が階段の上においたおもちゃ箱から飛び降りようとしていました。なんとか空中でつかまえましたが、ほんとうに危ないところでした。翼のある女性が長男の前に現れなかったら、重大な事故になっていたでしょう。

　好奇心にかられた私は、長男に見たものについてたずねました。「その女の人はどんな人だった？」けれども、不思議なことに長男は見たものをすっかり忘れていたので、それ以上はわかりませんでした。

天使と子ども

　天使は大人と同じように子どもも見守っていますが、最大の違いは、子どものほうが天使と会い、触れ合う機会が多いことです。幼児は大人には見えないものを指差して微笑みます。両親にも見えていると思うのでしょう。赤ん坊にも天使が見えます。母親にたずねてみてください。落ち着きがないときは、「お友だち」が部屋にいるらしいと教えてくれるでしょう。

　子どもが出会う天使は、白色か光輝く大人の精霊（ガイドや保護者）であったり、子どもの精霊であったりします。いつも話しかけている想像上の友だちがいるなら、おそらくガイドなど霊的な存在がほんとうにいるのでしょう。普通、子どもが天使を見るのは1人でいるときですが、何人もの子どもが同時に同じ体験をしたら、もっと楽しいでしょう！

子どもを守る天使

　家庭で天使の授業をしましょう。子どもに天使とその役割について教えてください。天使が自分を見守っているとわかっていれば、慣れない環境でも、辛い目に遭っても、心強いはずです。こんなことをやってみてください。

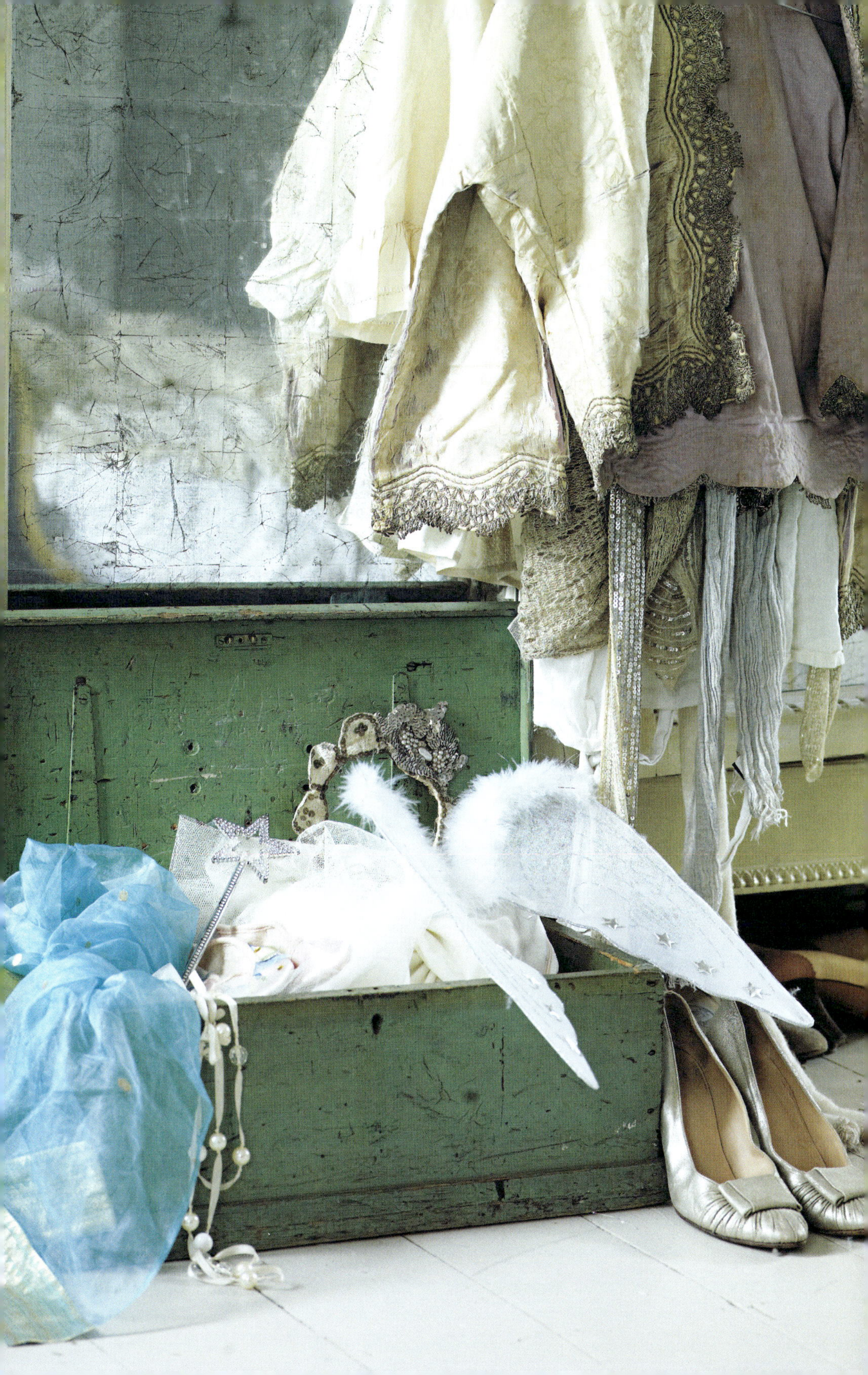

天使と保護

- 簡単な天使の絵を描き、子どもに色を塗らせましょう。
- 子どもに天使の絵を描かせましょう。子どもは天使はどんな姿をしていると思っているのでしょう？
- 天使の扮装をしましょう。白色や金色や銀色に輝く布を使えば楽しいです。安い店で買った布や、古いドレス、クリスマスツリーの飾り（年齢に応じた安全な物）を利用し、木製スプーンにアルミ箔を巻いて杖もつくりましょう。古いレースのカーテンには使い道がたくさんあります。最近では、天使の翼やアクセサリーを安く売る店もあります。子どもの生活にすこしだけ魔法をかけましょう。
- 子どもと一緒に、天使に守ってもらう儀式をしましょう。心配ごとを書き出させ、それを天使に伝えさせるのです。小さなライスペーパーにメッセージを書けば、川や海に流しても環境を汚染することなく、鳥の餌になるでしょう。
- 夜が怖い子どもも天使がいれば安心するでしょう。寝室の壁に天使のポスターや絵を貼り、天使が見守ってくれるから夜でも大丈夫だと教えてください。

実際にあった話
ジャングルジムの冒険

　小学校の休み時間のことです。運動場へ飛び出した私はジャングルジムに登りました。てっぺんまで登ると、今度は雲梯を進んで行きました。両手両足でぶら下がり、背中を地面に向け、空を見上げていました。「なんてきれい

な青空だろう」と思ったことをはっきり覚えています。朝の青空があまりにすばらしかったので、思わず動きを止めて見とれました。

次の瞬間、レンガの壁に激突したかのような衝撃を感じ、目の前が真っ暗になりました。意識はまだあり、体が純粋な愛情と安心感に包まれ、自分が不思議な空間にいるのがわかりました。もしかすると、意識を失っていたのでしょうか？

そのすばらしいエネルギーを放っていたのが男性か女性かはわかりません。わかっているのは、そこでエネルギーと戯れていたい、どこへも行きたくないということでした。その愛に満ちた感覚の一部である、会ったばかりのすばらしい友人と一緒にいたかったのです。もう帰らず、ずっとそこにいたかった。でも、今では自分の守護天使だと信じているその人は、穏やかにただこう言いました。「まだ君の順番ではない。戻りなさい」

次に覚えているのは、大きくあえいだこと、先生に背中を強く叩かれて痛みを感じたことです。どうやら雲梯を握り損ねたらしく、背中から落ちたあと、一時的に心臓が止まったようでした。呼び出された母親と病院へ行き、検査を受けましたが、異常はありませんでした。天使に会った体験は誰にも話していません。けれども、忘れることはないでしょう。

天使の秘密

家族が無事に過ごせるよう天使に守ってもらいましょう。家族以外の人の無事を願ってもかまいません。

エクササイズ
保護を求める瞑想

　この章の初めで、天使に保護を求めることについて話しました。この瞑想をすれば、正式に求めることができます。

1　いつものように、安全で暖かく心地よい場所に座ってください。居間の肘掛け椅子もよいでしょう。目を閉じ、リラックスし、好みで緊張をほぐすエクササイズをしましょう（p.20-21を参照）。暖かい部屋ならリラックスしやすくなります。

2　リラックスしながら、ネガティブなものを吐き出すつもりで、2、3回深呼吸してください。鼻から息を吸って、口から吐き出します。吸って、吐いて。

3　宙に浮き、光の虹のなかをゆっくり進んでいく自分の姿を想像してください。虹の端から浮き上がり、虹の弧にそって移動し、反対の端まで進んで行きます。ゆっくりと進み、体に染み込んでくる虹の色を感じ取りましょう。さまざまな色の光を通り抜けながら、自分のオーラに加えるべき色は残らず吸収してください。その間、あなたは安心し、リラックスしています。

4　虹の端では、遊園地の乗り物の出口で子を待つ親のように、守護天使があなたを待っています。背の高い、逞しい天使です。天使があなたにこうささやきます。「あなたが落ちれば、私が必ず受け止めます。独りぼっちのときには手を握り、怯えていれば寄り添います。その許可をもらえますか？」ここで、「はい」と答えてください。

5　天使は答えを聞いて微笑みます。天使がいつも側にいることを理解してください。そして、天使はあなたが困らないように警告やサインを送ります。これが共同作業であることを忘れないでください。あなたと天使は協力し合っているのです。

6 準備ができたら、目を開け、元いた部屋へ戻ってください。
いつものように、瞑想中に考えたこと、感じたことを書きとめておきましょう。

天使はいつも
私を安全に守ってくれている。

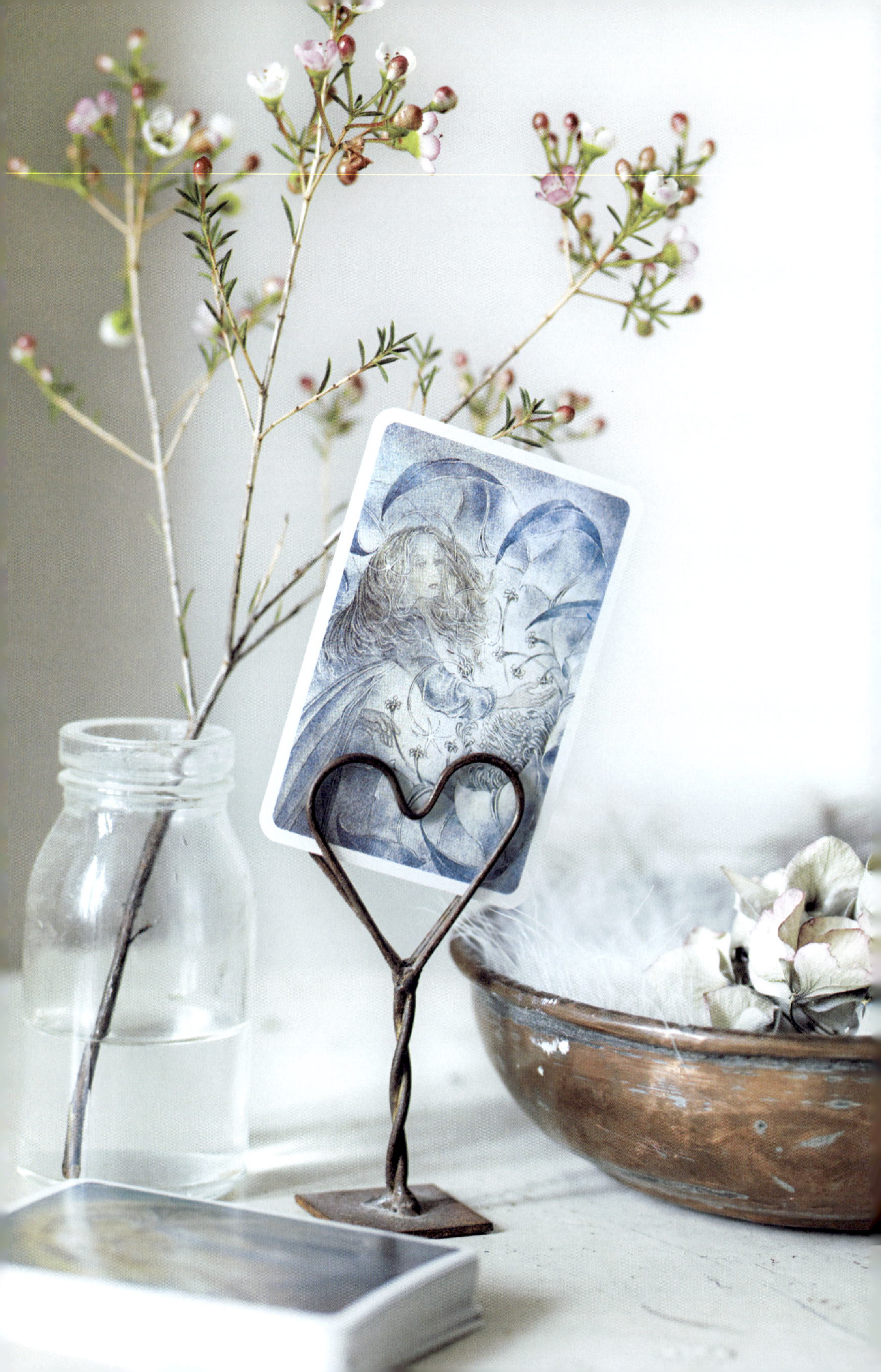

天使と占い

私たちは聖なる宇宙の魔法によって
あなたとつながる。

　天使がくれるかすかなサインはわかりにくいものです。けれども、特別なカードで天使占いをすれば、直観だけでは伝わらないメッセージがもらえます。ただ未来を予測するだけの占いとは異なり、天使カードを使えば、インスピレーションや導きが得られるのです。さらに、直観も感じ取りやすくなります。天使カードで占いをすれば、魔法のような体験ができるでしょう。

天使占いカード

　最初は同じように見えるでしょうが、天使占いカードは、相当な学習が必要なタロットカードとはまったく違います。天使のメッセージはカードを見れば一目瞭然なので、初心者でもすぐに使えるようになります。

　天使カード1組には40枚以上のカードが入っています。大きさはトランプと同じで、シャッフルやカットの仕方も同じです。カードには、ポジティブなアファメーションや簡単なアドバイスが書かれています。内容は穏やかで無難なものなので、子どもでも楽しみながら天使からメッセージをもらえます。書かれているのは、「愛」、「理解」という言葉や、「仕事中、天使が一緒にいてくれます」、「今日は自然のなかで働きなさい」といった簡単な文章です。

　天使カードはニューエイジショップやインターネット、書店で買えます。たくさんの

> **天使の秘密**
>
> 天使カードによって場を和やかにすることができます。会食時に行えば、すばらしい余興となります。

種類があり、美しい天使の姿や神秘的な絵が描かれています。使うのも集めるのも楽しいものです（私は30組ほど持っています）。たいてい説明書が入っていますが、基本的な使い方はあってもルールはありません。やがて、自分だけの使い方ができるようになるでしょう。

天使カードを買う

カード選びはとても楽しいものです。一度に数組使うこともできるので、最初は1組と決めないで、予算に合わせて何組か買いましょう。昔から贈り物とされてきたタロットカードとは異なり、天使占いカードは自分で選んでも問題ありません。

直観でよいと思うカードを選んでください。できれば自分で買いに行き、カードの感触を確認しましょう。いろんなカードを順番に両手で持ち、感触を調べます。カードに呼ばれることもあります。特定のカードに引き寄せられたりしませんか？

カードを実際に使ってみて選ぶ方法もあります。サンプルを使わせてくれる店もあり、友人のカードを使わせてもらうのもよいでしょう。天使に質問し（恥ずかしければ心のなかで）、それぞれの組からカードを1枚引いてください。最良の答えをくれるのはどの組でしょう？

インターネットで買うのもよいでしょう。なるべくいろいろな種類を見てください。サイトによってはカードの中身を見ることができます。それを何枚か印刷し、カードの形に切ったら、前述のように順番に手で持ち、特別な感触のするものを選んでください。絵だけでカードを選ぶ人もいますが、絵が重要だと感じるなら、それでもかまいません。

カード選びで考えたこと、感じたことを書きとめてください。

エクササイズ
天使カードをつくる

天使占いカードは買わなくても、手づくりしても楽しいものです。誕生カードやクリスマスカードの裏を使うか、文具店で名刺用のカードを買いましょう。必要なのは、サインペン、雑誌や包装紙の切抜き、パソコンから印刷した絵の切抜きです。

1　人にインスピレーションを与えるために天使が送ってくれそうなメッセージを40個考え、ポジティブな言葉や文章のリストにします。それを1つずつカードに書いていきます。これには時間がかかります。数日、数週間かけてメッセージを集めたり、友人に助けてもらったりしましょう。いくつか例を挙げます。
- 眠っている間、守護天使が守っています。
- 創造性と表現力。
- 笑いと遊び。
- 天使が今の仕事を励ましています。
- 天使が動物の友だちを与えてくれます。
- 愛と光。
- 安全と安心感。
- 研究と学習。
- 天使に頼んで、日々の仕事を助けてもらいましょう。
- 天使が愛する人を守っていると信じなさい。

2　リストが完成したら、カードに装飾の余白を残して、サインペンでメッセージを書いてください。書いたら、集めた切抜きを使って好きなように装飾します。

時間を十分にかけてください。数週間かかっても問題ありません。努力はきっと報われます。手づくりのカードは例外なく特別なものになります。あなたの創造のエネルギーが刻み込まれているからです。作業中に感じたインスピレーションを書きとめておきましょう。

> **天使の秘密**
>
> カードを引く前に、必ず天使に数秒の時間を与えましょう。それによって答えがより正確なものになります。

カードを守る

昔、占いに使うカードはどれも魔術の道具だと考えられていました。カードを黒い絹やビロードに包み、さらに木の箱に入れて保護したものです。現代ではそこまでする必要はありませんが、何か特別なもので保護したくなるでしょう。きれいな布でつくった簡単な巾着袋ならよく売られています。また昔のように絹のスカーフや古風なレースのハンカチで包むのもよいでしょう。布張りされた箱を買うか、自分でつくることもできます。靴箱なら天使の品々を保管するのに最適です。天使が描かれた包装紙や壁紙や雑誌の切抜きなど、気に入ったもので箱を飾ってください。

占いの準備をする

占いフェアへ行けば、占い師が独自の方法でカードを浄化したり、準備したりしているのを見るでしょう。彼らがしているのはこんなことです。

- カードを手に持って祈る。
- インセンススティックやスマッジを使って、カードに煙を当てる（p.54を参照）。
- 特別な言葉で天使を呼び、占いに力を貸してもらう。
- カードの上やまわりにクリスタルをおく。
- 実際に、あるいは心のなかで、カードの上で魔術のシンボルを描く。レイキを行っている人ならレイキのシンボルを描く。

占いテーブルを準備する

　占い師や霊能者は、カードと同じように自分だけのやり方で占いテーブルの準備をします。占いテーブルを飾るのはとても楽しいものです。必要なものだけでなく、好きなものをおいたり、飾ったりしましょう。こんなアイデアもあります。

- 花や石や貝殻など、自分で集めた自然物。
- 精油や天然ポプリなど、香りのするもの。
- キャンドルをおき、占いをはじめる前に灯し、終わったら消す（安全に注意し、ほかの物に近づけない。グラスに入れるか、きれいなホルダーに入れたティーライトキャンドルを使うとよい）。
- 天使の置物。
- テーブルに美しい布をかける。
- クリスタル。色とりどりのタンブルクリスタルの入ったボウルをおく。大きめのものなら特にクリアクオーツの塊がよい。ローズクオーツやアメジストでもよい。
- カードを入れる箱や袋。

　自分のテーブルには、自分の好きなものをおくのが最適です。

実際にあった話
天使カードの魔法！

　一日中天使カードで占いをしていたら、疲れて具合の悪くなったことがあります。しばらく休もうと、天使の部屋で瞑想し、癒してくださいと天使にお願いしました。天使とはいつもコンタクトしているので、存在を信じてはいますが、それでもみんなと同じように、側にいるという証拠がわずかでもほしくて、サインをくださいと頼み、ベッドに入りました。

　天使カードはいつもどおりテーブルに重ね、クリスタルを載せておきました。よく眠れず、翌朝は4時半ころに目覚め、天使の部屋へカードを取りに行きました。すると驚いたことに、カードが円の形に並べられていたのです。ついにサインをもらいました！

カードの儀式をする

占いの前に、どんな儀式をしたいですか？ キャンドルを灯し、特別な音楽を流しますか？ 特定のクリスタルや石や貝殻など、神秘的な物をカードの上やまわりにおきますか？ 天使占いの一部として使いたい物のリストをつくってください。

天使を呼ぶ自分だけの特別な言葉を考えましょう。占いのあとには、天使への感謝の言葉を忘れないでください。例を挙げておきます。

「天使よ、来てくれて感謝します。私は人生に導きを求めています。これから天使カード占いをはじめます」

終わりの儀式は次のように締めくくります（アレンジ可）。

「天使よ、占いに力を貸し、知恵を与えてくださり感謝します。これで天使カード占いを終わります」

集めた情報は何度も参考にできるように、すべて天使ノートに書きとめてください。

カードを１枚引く

小さめのカードなら、きれいなガラス器や陶器、籠や箱に入れて、1枚引く占い方もできます。子どもは器に手を入れて、天使のメッセージを引き当てるのが大好きです。天使に興味のない大人でも、「今日の天使のメッセージは何かしら？」と引きたがります。家族みんなで楽しめ、お客を招いたときもすぐに打ち解けられます。まずあなたが引いてください。きっとお客も試してみたがるでしょう！

まず質問をしてから、カードを1枚（あるいは好きなだけ）引いて答えをもらいます。そのあと、天使やガイドにすこし時間を与えてから同じ質問をしてみましょう。答えの違いがわかりましたか？ もらった答えは天使ノートに書きとめましょう。また、その日のアドバイスとして1枚だけ引く方法もあります。

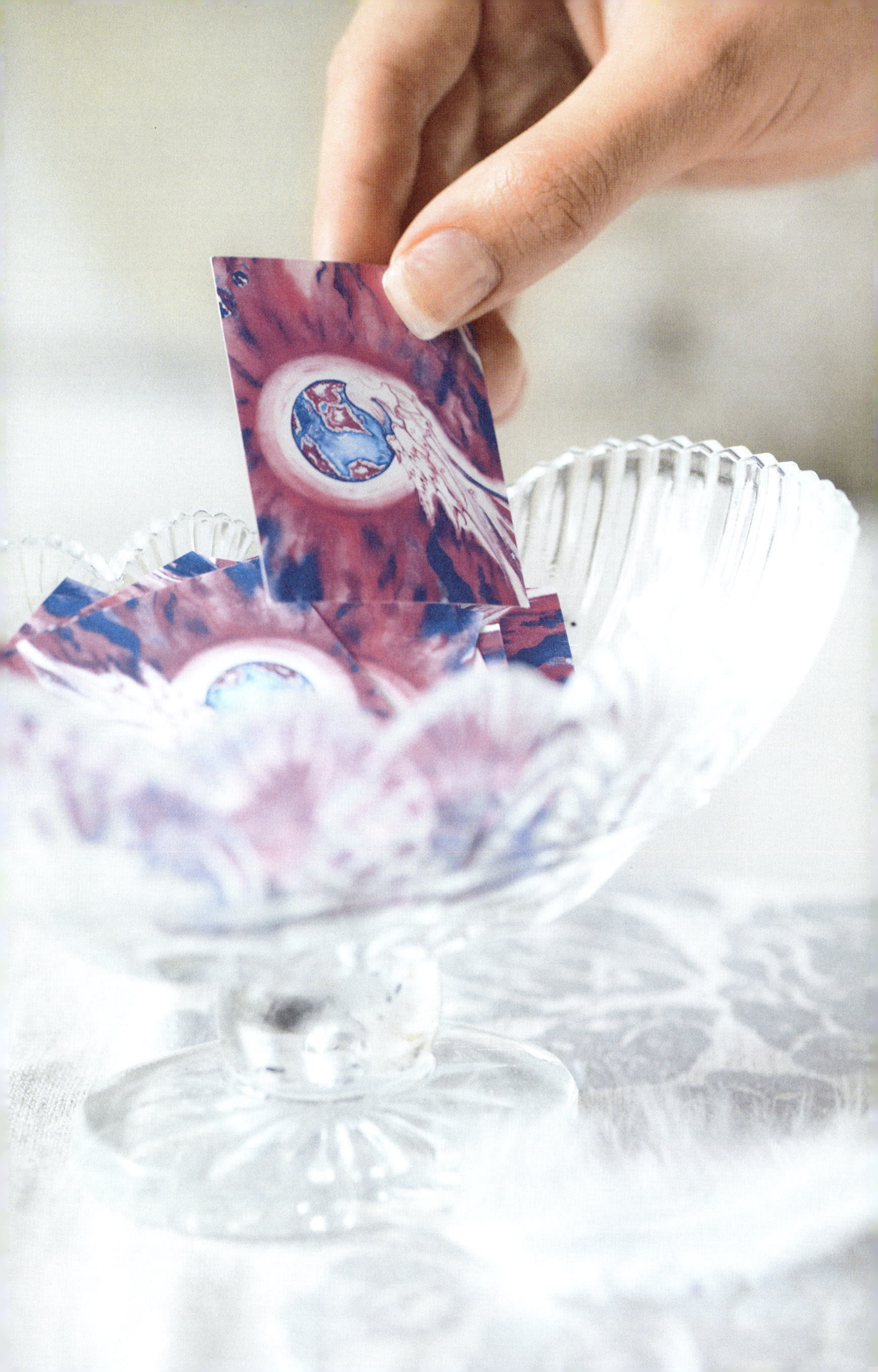

カードを切り混ぜる

大きめのカードなら、伝統的なシャッフルやカットで切り混ぜます。質問への答えやアドバイスをもらうためにカードを引くときには、前述の方法にしてください。

カードの意味を解釈する

カードの意味を解釈するときには、説明書を読むのではなく、直観を働かせてください。説明書もどこかの誰かがつくったものなのです！ 生まれ持った本能と直観を利用して、独自の占いをしましょう。

霊能者はカードや水晶玉、ルーン文字の刻まれた石など、さまざまな道具を使いますが、必須ではありません。いつかはあなたも道具がなくてもできるようになるでしょうが、学習中はカードを使ったほうがずっと楽しいです。カードを引いたときに感じる最初の直観は、たいてい正しいものです。一般的に、最初に感じるものが霊的な声で、次に感じるものにはおそらく論理的思考が混じっています。

実際にやってみましょう。シャッフルしたあと、カードを1枚引きます。まずカードのメッセージを読み上げ、それを書きとめます。どんな考えが浮かびましたか？ それも書きとめましょう。次にカードの絵を見てください。その絵を見たとき、どんな考えが浮かびましたか？ それもメモしましょう。

カードは単なる道具です。それはメッセージを伝えるものにすぎません。要するに、天使がくれるインスピレーションを進んで受け入れれば、カードなど見なくてもメッセージがわかります。

これもやってみましょう。シャッフルしたあと、表を下にして並べます。友人のために数枚引き、相手にそのカードから感じたことを伝えます。ここが面白いところなのですが、カードは占いが終わるまで伏せたまま、表を向けてはいけません。メッセージの書いてある表は、最後まで（あるいはずっと）見ないでください。

占いの結果を自分で（あるいは友人が）書きとめましょう。その意味を理解しようとはしないこと。それはあなたの仕事ではないからです。ただカードを見て、感じたことを伝えてください。メッセージは未来で意味を持つことがあります（予言）。また、まだ今の状況では、本人にも占いの結果の意味が理解できない場合もあります。

そうしたければ、あとでカードのメッセージを読んで、自分が出した結果と比較しましょう。ただ、カードは、生まれ持った霊能力と天使のメッセージに気づく力を開

花させる道具にすぎないことを忘れないでください。

実際にあった話
特別な天使占い

　私は天使カード占いのやり方を教わったことはなく、実地で覚えただけです。カードを読むことはなく、4枚選んで伏せたまま、ただ感じたことを伝えてきました。でも、あとで表を見ても、メッセージはいつも伝えたことと同じなんです！

「スプレッド」

　「スプレッド」とは昔からあるカード占いです。複雑そうに見えて、実はそうではありません。前もって各位置の意味を決めてから占います。カードの並べ方は、好みに合わせて単純にも複雑にもすることができます。

　たとえば、4枚のカードを引き、伏せたまま正方形に並べます。右上のカードはお金、左上は家族、右下は愛情、左下は仕事についての答えと決めます。そのあと、カードを順に裏返していきます。カードの表にはどんなメッセージがありましたか？愛情、家族、お金、仕事にどうつながるでしょう？

　スプレッドをいくつか考え、天使ノートに描いてください（一列、十字、円形など好きな形）。各位置に意味を与え、スプレッドにも名前をつけましょう（円形なら「人生の輪」など）。これはあなたの占いですから、決めるのはあなたです。

　スプレッドで遊び、友人を相手に練習しましょう。きっと喜んでもらえます。私のスプレッドは次の2つです。

3枚のカードで占う「過去、現在、未来」のスプレッド

　カードを切り混ぜ、3枚引いてください。表を下にしたまま、手前から上へ1列に並べます。下に示すように、上のカードは過去を、下のカードは未来を、中央のカードは現在を象徴します。

過去（上のカード）

現在（中央のカード）

未来（下のカード）

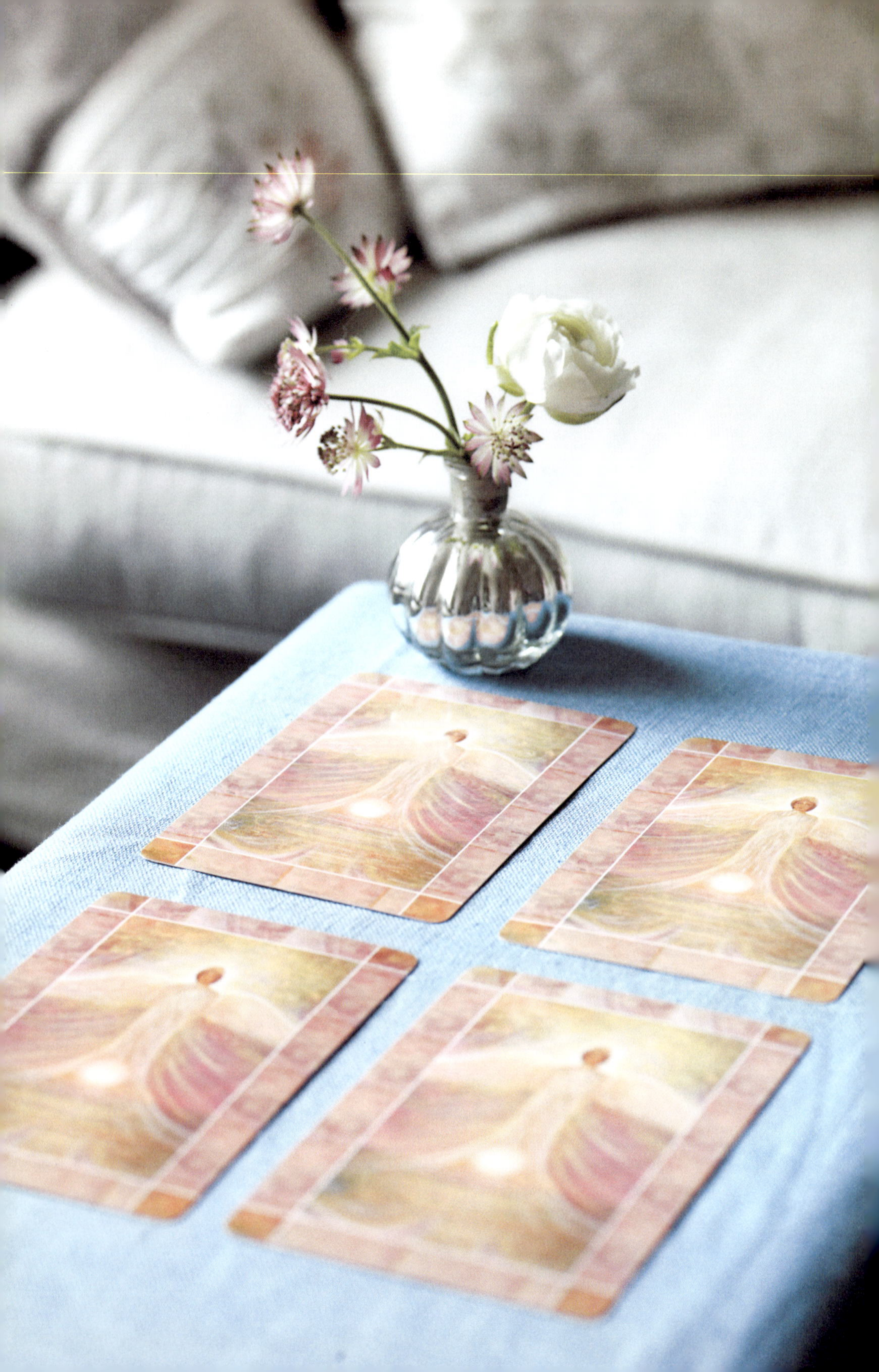

過去のカードからはじめて、1枚ずつ表を向けていきます。そのカードが過去について伝えているのは何ですか？　次に現在のカードを表に向けます。そのカードは現在とどう関連していますか？　最後に未来のカードを表に向けましょう。そのカードによってどんなインスピレーションがわきますか？

4枚のカードで占う「人生」のスプレッド

カードを切り混ぜ、4枚引いたら、表を下にして正方形に並べます（2枚ずつ2列）。すでに述べたように、カードは人生の各領域の象徴です。ここでは、カードは愛情生活、仕事、財政状態、創造性を象徴します。次のように並べてください。

愛情生活（左上）　　仕事（右上）

財政状態（左下）　　創造性（右下）

カードを1枚ずつ表に向けてください。占う順番はあなたが決めます。一般的には、左上、右上、右下、左下の時計回り、あるいは1列ずつ左から右へ、本を読むように進めてください。けれども、すでに説明したように、自分に合った方法で行ってかまいません。

メモするのはカードのメッセージだけでなく、カードの絵を見たときに感じたこと、表を向けたときに即座に頭に浮かんだことを記録してください。

自分だけのスプレッド

もちろん、好みの形の自分だけのスプレッドをつくってもかまいません。各列にカードを数枚並べ、1つの領域に複数のカードを割り当ててみましょう。すでに説明した「過去、現在、未来」のスプレッドと、「愛情生活、仕事、財政状態、創造性」のスプレッドを組み合わせることもできます。こんな領域も占ってみましょう。

- 旅行
- 家族
- 勉学
- 今後進むべき方向

天使と占い

- ペット
- 家
- 友人

　占いの対象は自分と自分の選択であり、誰かの個人的な情報を天使に求めるべきではありません。

練習がもたらす力

　できる限りたくさん練習してください。カードは使えば使うほど馴染んできます。1組だけ繰り返し使う必要はありません。2組一緒に使ったり、2つの占いを同時に行い、1組を片方に、もう1組をもう片方に使ったりしてもかまいません。

　市販のカードを使う場合、説明書に従う必要はありません。むしろ、自分なりのやり方で使えるようになるまで、読まないほうがよいでしょう。もっと別の使い方をしたくなったときに読んでください。カードには正しい使い方、正しくない使い方などありません。あなたのやり方があるだけです。使い方はあなた次第です！

誰かの占いをする

　天使カードで自分の占いをするのに慣れたら、誰かの占いをしてみましょう。占ってもらいたい人はきっとたくさんいます！　自信を持って行えば、ちゃんと「専門家」らしく見えます。けれども、相手には占いはただの遊びだと伝えてください。

　人の占いは自分の占いとはまったく違います。いくつか簡単なエチケットがあります。

- 未来を予言できると約束しないこと。「予言」とは、単に現在の状況の組み合わせから、将来もっとも起こりそうな結果のことであり、つねに変化する可能性があります。
- ネガティブなことは言わないこと。天使カードのメッセージは、ポジティブでインスピレーションを与えるものです。その精神を忘れることなく、感じ取ったことを伝えてください。
- 占いの結果には、占う者の思いと選んだカードから得たインスピレーションが含まれているため、解説は「私が感じるのは……」、「私にとってこのカードが意味するものは……」という表現ではじめてください。
- 天使は人に指図したりしません。ただ人の選択を支え、人を導くだけです。占う者も指図してはいけません。
- カード占いは、過去、現在、未来の1つの解釈にすぎません。したがって、どうするかは依頼者が決めることです。現実は自分がつくり出すもの、という普遍的な考えがあります。依頼者にこれを伝え、あなたや占いに頼らせることなく、人生の道のりは自分で決めさせてください。カードの使い方を教え、自分で占えるようにさせれば、さらによいでしょう。

エクササイズ
友人の占いをする

それではすこし遊びましょう。占いテーブルを好みのレイアウトにします。テーブルクロスや置物やクリスタルを忘れることなく、霊感が高まるような装飾にしてください。

1　自分でカードをシャッフルしてから友人にカットしてもらうか、友人にシャッフルしてもらってください。自分の天使カードに触れられるのを好まず、カードを選ばせるときも相手に

天使の秘密

単語が1つ書けるくらいの小さなカードを使って、ミニ天使カードを1組つくりましょう。バッグやポケットに入れておけば、いつでも必要なときに天使に助けてもらえます。

指で指し示してもらう人もいます。それは自分で決めましょう。

2　カードをスプレッド用に並べてください。これまでに学んだ方法を選んでもかまいませんが、自分で考えた形のほうがよいでしょう。カードを伏せて並べ、1枚ずつ表を向けていきます。そして、感じ取ったことをすべて友人に伝えてください。自分の占いの正確さに驚くかもしれません。友人に占いの記録を残してもらえば、今、理解できないことも時間が経ってから確認できます。

3　占いを終えたら、友人と天使に感謝するのを忘れないでください。また占ってあげれば、友人はきっと喜ぶでしょう。友人、家族、見知らぬ人など、なるべく多くの人を占ってみましょう。よく知らない人のほうが占いやすいものです。

天使ノートに、「当たり」と「外れ」の記録を残せば、進歩を確認できます。うまくできなくても心配しないでください。練習すればするほど、上手になれます。

カードを持ち歩く

　天使カードは運びやすいものです。持ち歩いていけない理由などありません。持ち歩きやすいように、ミニサイズの天使カードをつくるのもよいでしょう。巾着袋にカードを入れ、並べるときに使う絹スカーフなども一緒に入れます。スカーフの端におくタンブルクリスタルもいくつか入れましょう。小さなクリスタルの天使はどうですか？（ギフトショップ、ニューエイジショップ、占いフェアやインターネットで売っています）

*私を守り、慰め、
いつも見守ってほしいと
天使に願う。*

日常生活のための天使

いつの日も、ありとあらゆる方法で、
私はあなたの側にいる。
願いさえすれば、手を差し伸べる。

　天使は毎日、人の側にいて、人を助けています。どの役目にも、どの仕事にも、専門の天使がいます。神は人間や動物、海や川や土地を守る役割を天使に割り当てました。また、すでに見てきたように、愛、ヒーリング、友情など多くのことに力を貸す天使もいます。

　この章ではすこし遊びの要素を取り入れ、あなたの天使を見つけられるようにしました。自分の人生にかかわる天使を探し、目の前にある試練を乗り越えられるよう支援を求めてください。天使ノートや手づくりの品を天使の名前やイラストで飾りましょう。

　非常事態はもちろん、ありふれた日常にも天使が側にいます。困ったときには、専門の天使を呼び、助けてもらうことができます。しかし、もっとよいのは、十二宮の天使、生まれた曜日の天使、「天使の緊急電話帳」で探した天使など、一度に何人もの天使を呼ぶことです。

　目的に応じて、いろんな天使を呼びましょう。それぞれの天使と体験したことを天使ノートに記録してください。すぐにお気に入りの天使のリストができるでしょう。

十二宮の天使

　十二宮の星座にはそれぞれ担当する天使がいます。天国から助けが必要なときには、守護天使だけでなく十二宮の天使を呼ぶこともできるのです。十二宮の天使は、星座とつながりのある霊性や性格の問題に対処するとき、特に役立ちます。あなたの十二宮の星座は何ですか？

　p.184以降の各星座のアファメーションを利用して、星座の特質を人生に呼び込んでください。自分の星座ではない十二宮の天使に助けを求めてもよい場合もあります。

> **天使の秘密**
> この本を持ち歩き、友人の天使を調べてください。みんなに天使に興味を持ってもらいましょう！

天使と十二宮

星座	天使	要素	幸運の曜日	幸運の宝石
水瓶座 (1月20日-2月18日)	カムビエル	空気	土曜日	サファイア（第3の目を開く）、ヒスイ
魚座 (2月19日-3月20日)	バルキエル	水	火曜日	アメジスト
牡羊座 (3月21日-4月19日)	マラヒダエル	火	月曜日	アクアマリン

天使と十二宮

星座	天使	要素	幸運の曜日	幸運の宝石
牡牛座 (4月20日-5月20日)	アスモデル	土	木曜日	ダイヤモンド
双子座 (5月21日-6月21日)	アムブリエル	空気	日曜日	エメラルド
蟹座 (6月22日-7月22日)	ムリエル	水	水曜日	パール
獅子座 (7月23日-8月22日)	ヴェルキエル	火	土曜日	ルビー
乙女座 (8月23日-9月22日)	ハマリエル	土	水曜日	カーネリアン
天秤座 (9月23日-10月22日)	ズリエル	空気	金曜日	オパール
蠍座 (10月23日-11月21日)	バルビエル	水	火曜日	サンゴ
射手座 (11月22日-12月21日)	アドヴァキエル	火	日曜日	ソーダライト
山羊座 (12月22日-1月19日)	ハナエル	土	金曜日	スノーフレイクオブシディアン

水瓶座の天使

　水瓶座の天使が持つ波動エネルギーは、命を与えることとつながりがあります。水瓶座の天使は、象徴的な意味で古いものを洗い流し、新しいスタートを切るために道を開きます。この星座の天使は、特に新たなはじまりを手助けするのが得意です。新たな出発のために天使にしがらみという障害を取り除くよう頼んでください。

キーワード——自立、浄化、礼儀正しい、思いやり深い、人を支える、ユニーク

星座について——水瓶座は水運搬人の星座です。この星座の人は冒険心があることで知られています。どんな旅でも楽しめるのは、どこにいても守護天使に守られているとわかっているからです。

試してみよう——友人を誘って、未知の土地への旅を楽しんでください。神秘的な鍾乳洞や美しいブルーベルの森を探検しましょう。ガイドブックはただの出発点とし、あとは天使に導いてもらいましょう。でもカメラは忘れないでください。

アファメーション——私には古いものを洗い流し、人生の新しいチャンスへ向かう道を開く覚悟がある。

魚座の天使

　魚座の天使はつねにものごとの全体像を見ることができるため、意見の違いを客観的に見る手助けをしてくれます。反対方向に向かって泳ぐ2匹の魚に象徴されるように、十二宮の天使は2つの意見の間であなたが困らないよう守ってくれます。

キーワード——想像力、洞察力、直観力、敏感、温厚、率直

星座について——魚座は魚の星座です。とても神秘的な星座で、この星座の人は生まれつき直観力に恵まれています。敏感なため、まわりの人の感情を感知することができます。ネガティブな人からは悪影響を受けるので、近づかないようにしましょう。

試してみよう——天賦の才能があるので、天使占いカードをやってみてください（p.164-179を参照）。天使に力を借り、自分でも何度も練習しましょう。すぐに生まれながらの専門家になれるでしょう。

アファメーション——私はどんな情報にも意見にも耳を傾けるので、ものごとを明確に理解することができる。

牡羊座の天使

　牡羊座の天使は、どんな問題が起こっても、力を与え、進むべき方向を教えてくれます。この星座の人はその支援と導きをもらえます。仕事を成し遂げ、結果を出し、まわりの人の意欲を高めるために力を貸してくれるでしょう。

キーワード——整理整頓、勇敢さ、力強さ、大胆さ、管理能力、独立心

星座について——牡羊座は雄羊の星座です。この星座の人は、陽気で社交性に富む傾向があります。服を着たままプールに飛び込もうよと言われれば、真っ先に飛び込むのが牡羊座でしょう！　楽しんでいるときも安全であるように天使が気遣ってくれます。

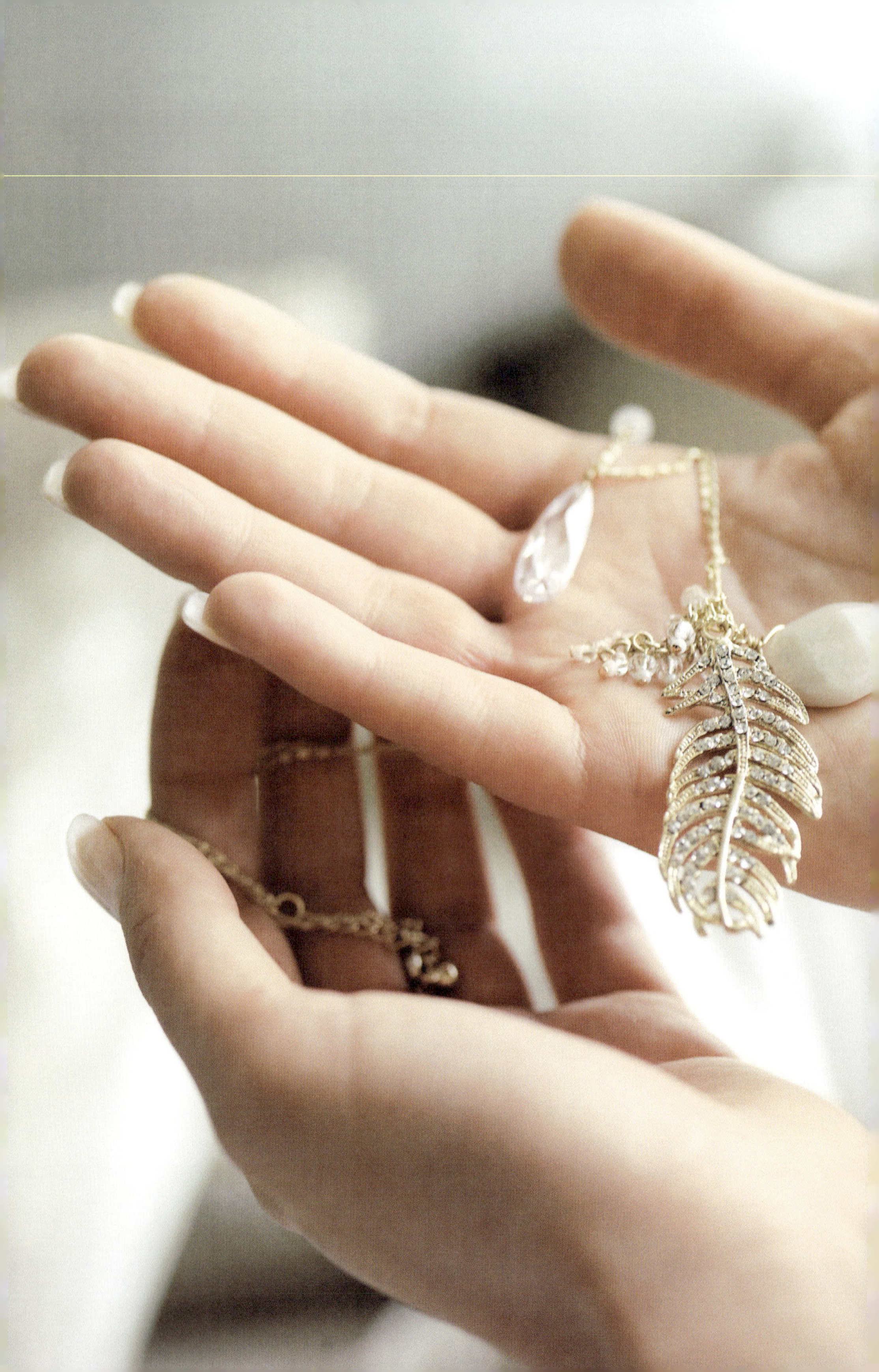

試してみよう――天使に手助けを頼み、自宅に友人を招いて超自然パーティーを開いてください。神秘的な物やアクセサリーなどを持ってきてもらい、順番に目を閉じて手に持ち、その品から霊的な情報が感じ取れるかどうか調べていきます（サイコメトリー）。

アファメーション――私は自分の目標を達成し、同時に人の手助けもします。

牡牛座の天使

このシンボルが発するエネルギーには強さと力がありますが、もう1つ加えるとすれば、それは情熱です！ この天使はひたむきで頼もしく、どこでも行きたい場所へ連れて行ってくれます。牡牛座の天使はあなたの手を取って、最後まで共に歩んでくれるでしょう。

キーワード――慎み深い、固い決意、官能的、信頼できる、頼りがいがある、保護

星座について――牡牛座は雄牛の星座です。この星座には間違いなく粘り強さがあります。絶対にあきらめないため、ほしいものはたいてい手に入れます。その調子です、牡牛座！ 天使がその意志の強さを誇りに思っています。

試してみよう――「天使の願いごとカード」をつくってください。雑誌から行ってみたい外国の土地や着てみたい服など、ほしいものの写真を切抜き、シリアルの箱などから切り取った厚紙に貼ります。いちばん上に自分の十二宮の天使の絵を加えて、夢がかなうように力を貸してもらいましょう。

アファメーション――私には自分が行きたい場所、なりたいものがはっきりわかっている。それはたやすく実現できる。

双子座の天使

双子座の天使は核心をついた意思疎通によって適応能力を与えます。予定を変更させることで、さらに前進させ、そこから学ばせてくれます。この天使はつねに

あらゆる選択肢を視野に入れているので、頼みさえすれば、より適切な別のルートを教えてくれるでしょう。

キーワード——柔軟性、社交性、陽気、話好き、気まぐれ、適応性

星座について——双子座は双子の星座です。この星座の人には共感性と創造性があります。天使はあなたの自然に対する愛と才能に気づいています。なんでも育てるのが得意なので、鉢植えの植物も愛情あふれる世話でよく育つでしょう。

試してみよう——大きめの植木鉢か窓用の花箱によい香りのハーブを植えてください。園芸店やギフトショップにある天使の園芸札や置物も飾りましょう。料理やヒーリングに利用でき、贈り物にもなるハーブが育ちます。双子座の心は、気前のよさを生かした楽しいアイデアをたくさん生み出します！

アファメーション——私は助言や変化を受け入れ、慣れない状況でも自信を失わない。

蟹座の天使

この天使には、この星座に生まれた人の繊細さを守る力があります。とりわけ言葉によって傷つくことがあるため、蟹座の天使が保護し、鍛え、攻撃に自分で立ち向かえるようにしてくれます。

キーワード——生き抜くこと、繊細、愛情深い、保護、優しさ、穏やかさ

星座について——蟹の星座ですが、誰もが蟹のように怒りっぽいわけではなく、時々引きこもりたくなっても問題ありません。出不精で、涙もろく、思いやりがあります。

試してみよう——天使のアルバムをつくり、家族や友人それぞれにページを割り当て、その人の写真を貼ってください。天使に力を借りて、写真の横にその人との思い出を書き入れたら、天使のシールなどで飾りましょう。

> **天使の秘密**
> 友人の生まれた曜日や生まれた月の天使を調べ、特別な贈り物として誕生日カードに書き入れましょう。

アファメーション——私は困った状況になっても、自信を持ち、自分を守ることができる。

獅子座の天使

獅子座の天使は、獅子座の人と同じく、とても勇気があります。この勇敢な天使は、その役割の偉大さにふさわしく、気高さのなかに謙虚さを見せながら人を導きます。獅子座の人は、この天使から、謙虚さを忘れず、人びとを励ます方法を教えてもらいましょう。この天使は、あなたのために何かをするのではなく、あなたが人のために何かができるように力を貸します。

キーワード——威厳、指導、礼儀正しさ、「かっこいい」、敏感、固い意志

星座について——獅子座はライオンの星座です。この星座の人にはすばらしい強さと勇気があります。困っている友人に頼りにされますが、生まれつきの怠け者には気をつけましょう！

試してみよう——友人たちと過ごす夜を計画してください。「どんな人間として人の記憶に残りたい？」、「人生でいちばん思い出深い日はどの日？」といった質問

を用意して、親しい友人たちと長い会話をはじめましょう。

アファメーション——私は恵まれない人たちのために、あらゆる方法で力を尽くす。

乙女座の天使

　物静かで優しい天使は女性的で、この星座の人と同じく、純粋で汚れを知りません。けれども、この星座の天使がほかの天使より力が弱いわけではありません。小さな力で結果を出せるということです。目立たず静かに何かをしたいときには、乙女座の天使を呼びましょう。

キーワード——完璧、清らかさ、優しさ、確実性、実際的、固い意志

星座について——乙女座は処女の星座です。この星座の人はリーダーとなって思いどおりに行動したがりますが、力強い乙女座の人ならリーダーにぴったりです。天使に頼んで、視野を広げ、人生で正しい決定ができるようにしてもらいましょう。

試してみよう——家族や友人との外出を計画してください。外交手腕を発揮させてほしいと天使に頼み、みんなの希望をかなえながら、素敵な外出にしましょう。

アファメーション——私は物怖じしない。独自のやり方で、静かに、心地よく、するべきことをする。

天秤座の天使

これが十二宮の天使なら、あなたの側にいるのは公正な裁判官です。この天使は、平和を守り、どんな場合でも調和を生む方法を見つけようとします。中立の立場で、あるいはどんな状況でも中立であろうとして困ったときには、この天使に助けを求めてください。

キーワード——バランス、公正さ、創造性、外交手腕、穏やかさ、平等

星座について——天秤座は天秤の星座です。この星座の人は生まれつきバランス能力に優れ、論争のどちらの側の立場も理解できるようです。体調不良や不公平さに苦しんでいない限り、天秤座生まれは人生に美しさを求めます。

試してみよう——天使に協力を頼み、自宅に「天使コーナー」をつくってください。テーブルにきれいなショールをかけ、貝殻、クリスタル、小石、種子など自然物を飾る場所にします。また、パン生地など天然の素材で天使の置物をつくりましょう。

アファメーション——私は完璧にバランスの取れた人生を生きている。

蠍座の天使

この天使には裏方として働く才能があります。あなたの陰で、天使はまとめ役として忙しくしています。あなたがスターなら、天使はマネージャーなのです。あなたが世間に幸せそうな顔を見せているときも、(よい意味で)「汚れ仕事」をしてくれています。誰かに守ってもらいたいときには、この天使を呼びましょう！

キーワード——実際的、固い意志、保護、集中力、変身、威厳

星座について——蠍座は蠍の星座です。この星座の人はとても思いやりがあり、情熱的で、独りでいるより誰かといることを好みます。けれども、生まれつきの秘密主義が問題を起こすため、蠍座の天使に力を貸してもらってください。もっと心を開いて、気持ちを伝えられるよう手助けを頼みましょう。

試してみよう——愛する人とのロマンチックな食事を計画してください（感謝の気持ちを伝えたい家族でもかまいません）。花やキャンドルやテーブルクロスを利用して、テーブルを赤一色にしましょう。天使にひらめきを求めてください。

アファメーション——私は自分がしっかりと世話をされ、大切にされていることを知っている。

射手座の天使

出かけるときには、この天使を連れて行きましょう。射手座の天使は喜んで付き添ってくれます。内なる自己や魂の成長にかかわっているため、霊的な道を歩んでいる人なら、その道のりから外れないよう手助けしてくれます。

キーワード——向上心、情熱的、自由、理想主義者、誠実、固い意志

星座について——射手座は弓の射手の星座です。この星座の人は自由な精神にあふれ、独りでいることを好み、風に任せてどこへでも行きます。昔、この星座に生まれた人たちは、旅人や神秘的なジプシーになったものです。

試してみよう——天使はあなたの人生に落ち着きと平和を与えたがっています。自分だけの空間を見つけてください。川岸や静かな入り江がよいでしょう。星座の天使を呼び出し、その空間で瞑想している間、側にいてもらいましょう。

アファメーション——私には自分が行きたい場所へ行くために必要な物が揃っている。

山羊座の天使

「すこしずつ着実に進む者が勝つ」という古い諺があります。山羊座の天使の働きぶりはまさにそれです。この天使は、問題にこつこつ取り組み、目標から目を離すことなく、着実に誠実に進みながらも、けっしてユーモアを忘れない物静かな旅の道連れです。1歩ずつ前へ進んでいく天使からいつもエネルギーをもらいたけ

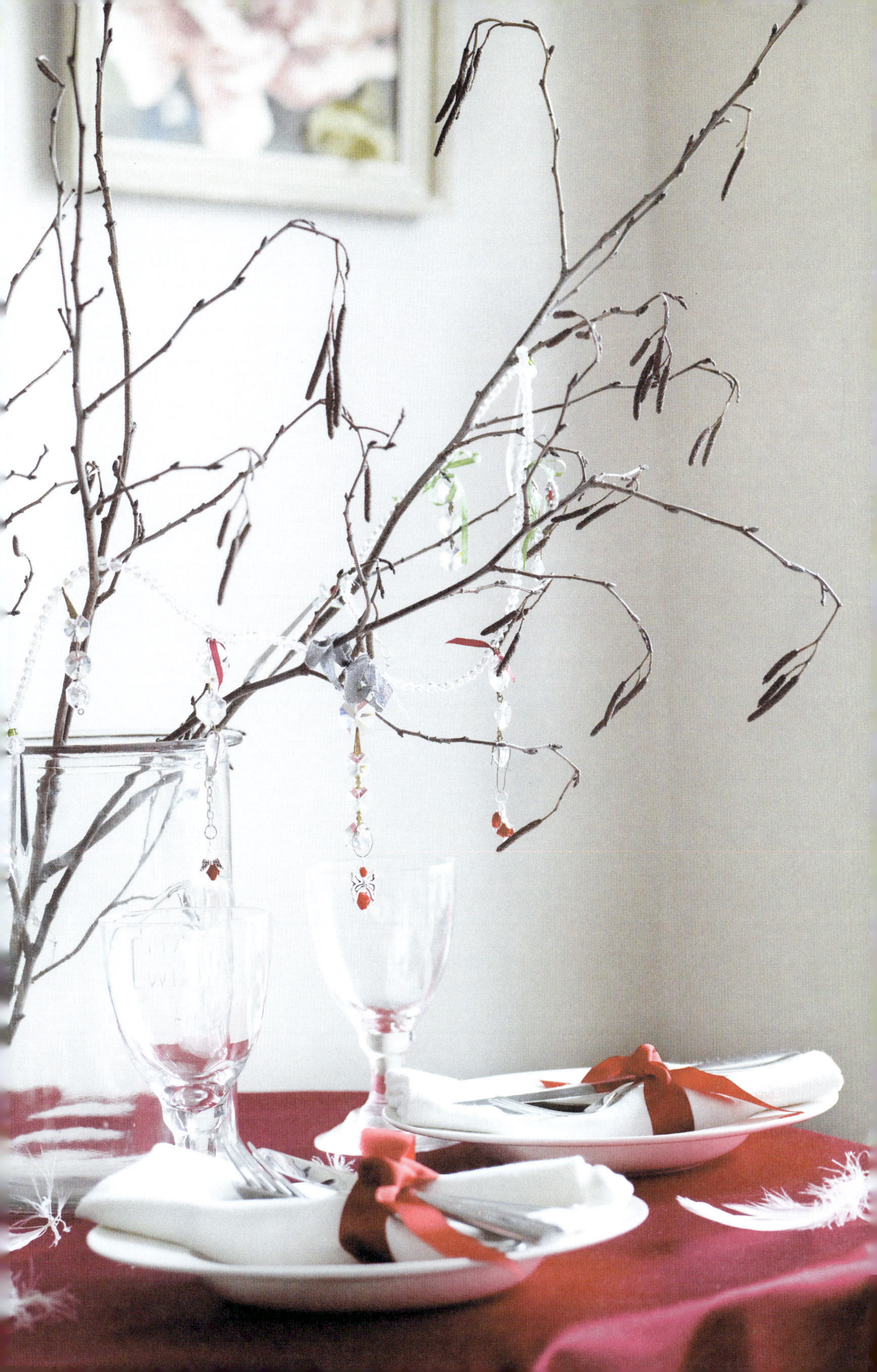

れば、この天使に側にいてほしいと頼みましょう。

キーワード——落ち着き、創作力、実際的、陽気、集中力、安定性

星座について——山羊座は山羊の星座です。この星座の人はとても誠実なため、友人関係が長つづきします。また、とても実際的で片づけ上手です。この天使は人間関係の問題に力を貸してくれるでしょう。

試してみよう——この天使は混乱状態から秩序を取り戻す手助けをします。衣装戸棚を整理し、靴箱にラベルをつけ、衣類は種類、色、季節毎に並べましょう。

アファメーション——私は1歩ずつ前へ進むことで、新しい高みに達することができる。

エクササイズ
十二宮の天使の絵を描く

1　自分の十二宮の天使の絵を描いてください。才能など要りません。ただ天使にひらめきを求めましょう。顔や手がない姿でもかまいません。多くの天使が輝く光の姿で現れます。それを描きましょう。

2　グリッターを使って、作品に輝きを加えてください。

3　用紙の隅に星座のシンボルを描いたり、関連する色の宝石を貼りつけたりしましょう（光るアクセサリーは手芸店で買えます）。

4　特別な額に入れて、寝室に飾りましょう。

生まれた曜日の天使

何曜日生まれですか？　曜日にも担当の天使がいます。十二宮の天使と同じように生まれた曜日の天使も利用してください。手づくりの品には、生まれた曜日の天使を取り入れましょう。

生まれた曜日の天使

生まれた曜日	天使	生まれた曜日	天使
月曜日	ガブリエル	金曜日	アナエル
火曜日	ザマエル	土曜日	カシエル
水曜日	ラファエル	日曜日	ミカエル
木曜日	サキエル		

生まれた月の天使

生まれた月	天使	生まれた月	天使
1月	カムビエル	7月	ヴェルキエル
2月	バルキエル	8月	ハマリエル
3月	マラヒダエル	9月	ズリエル
4月	アスモデル	10月	バルビエル
5月	アムブリエル	11月	アドナキエル
6月	ムリエル	12月	ハナエル

　火曜日生まれなら、天使の力がいちばん強くなるのが火曜日です。水曜日生まれなら、水曜日の天使を呼べばよいことがあります。生まれた曜日の天使に保護やヒーリングを願い、守護天使の援護を頼みましょう。

生まれ月の天使

　生まれた月にも担当する天使がいます。毎日、呼び出せる天使がかなり集まりましたね！　忘れないように書きとめておきましょう。

天使の緊急電話帳

　神の天使それぞれに責任を負う専門の領域があります。呼ぶべき天使を調べておけば、緊急時に役立ちます。もちろん実際には電話など必要ありませんが、天

日常生活のための天使

使に助けを求めることは重要です。
　人間は生まれつき、「自由意志」というものを持っています。つまり、正しかろうと間違っていようと、人生の選択は自分で下すのです。けれども、許可すれば、天使が選択を手助けしてくれます。守護天使に助けを求めてもよいですが、特別な助けが必要なら誰を呼びますか？　このリストを試してください。

あ
愛——ハニエル
赤ん坊——サンダルフォン
あの世——アズラエル
安全——ミカエル
家の修理——チャミュエル
家の保護——ミカエル
怒り——ガブリエル
意見の相違——ラギュエル／ガブリエル
移動——ミカエル
祈り——サンダルフォン
お金の心配——ミカエル

か
火災——ミカエル
学習——ガブリエル
髪——ジョフィエル
記憶——ジェレミエル
危険——ミカエル
キャリア——ガブリエル

休暇——ラファエル
休息——メタトロン
車の故障——ミカエル
口論——ラギュエル／ガブリエル
護衛——ミカエル
心の成長——ジェレミエル
子ども——サンダルフォン
コミュニケーション——ガブリエル

さ
魚——アズラエル
試験——ハニエル
自信——ガブリエル
自然——アリエル
嫉妬——ラファエル
修理——ミカエル
出産——ラファエル
女性の問題——サリエル
視力——アリエル
試練——ガブリエル

心配ごと——ガブリエル
信頼——サンダルフォン
心霊現象——ウリエル
請求書——ミカエル
戦争——チャミュエル

た
ダイエット——メタトロン
治安——ミカエル
地球のヒーリング——ウリエル
チャンス——チャミュエル
天候——ウリエル
転職——ガブリエル
動物——アリエル
鳥——アリエル

な
庭——ウリエル
人間関係——メタトロン

は
歯——ラファエル
ヒーリング／健康——ラファエル
悲嘆——アズラエル
病院——ラファエル

病気——ラファエル
疲労——ラファエル
不安——ラファエル
不眠——ミカエル
紛失物——チャミュエル
ペット——アリエル
法的な問題——ラギュエル
保護——ミカエル

ま
未知のもの——ラジエル
導き——ラジエル
未来像——アリエル
物づくり——ジェレミエル

や
屋外スポーツ——ウリエル
友情——ガブリエル
幽霊——ミカエル

ら
理解——ガブリエル
旅行——ラファエル
霊的な成長——ジェレミエル
ロマンス——ハニエル

天使の緊急電話帳の使い方

　ただ、「適切な天使」に助けを求めることもできますが、専門の天使に頼む「直通電話」のほうが速いでしょう。リストを天使ノートに書き写したり、コピーをバッグに入れて持ち歩いたりしましょう。きっと何度も呼ぶ、「心の支え」のような天使が見つかります。

日々の記録を残していますか？　そこから現在の問題を調べ、問題の横に担当の天使の名前を書いてください。請求書の支払いが滞っているなら、請求書に大天使ミカエルの名前を書いて、支援を求めましょう。転職したなら、初出勤の日の欄に大天使ガブリエルの名前を書きましょう。

　日記やカレンダーでも同じことができます。特定の日に特定の天使を求めるなら、その日付の横に担当の天使の名前を書いて予約を取ってください。たとえば、遠足の日に子どもを守ってもらうにはミカエル、歯医者へ行く日にはラファエルが役立ってくれるでしょう。

　キッチンに小さなホワイトボードをおいてください。その日にもっとも役立つ天使を調べ、ボードにリストを書き込みましょう。毎日、あるいは必要に応じて変更します。

天使からの毎日のメッセージ

　今日は何曜日ですか？　それぞれのメッセージを参考にして、毎日の目標を決めてください。楽しい1日にしましょう。

月曜日——今日、私はほんとうになりたい自分になるための第1歩を踏み出します。天使の側で凛として立ち、チャンスをつかみます。安全地帯から出なければ、自分の道を進むことはできません。がんばって!

火曜日——私は今日から、人生のあらゆることをポジティブに考えます。持っているものに感謝すれば、人生がさらに豊かになるよう天使が力を貸してくれると信じています。ポジティブに考えましょう!

水曜日——今日、私は健康的で活力を与えてくれる食事をします。体に気をつければ、エネルギーがみなぎり、最小限の労力で仕事ができると信じています。天使の導きで、体に最適な食べ物を選ぶことができるでしょう。よい食生活を!

木曜日——今日は「幸せな新しい私」が生まれる日です。幸せとは1つの心理状態であり、自分で選べるものです。天使が私の心を奮い立たせ、人生を楽しく笑いに満ちたものにしてくれます。幸せになって!

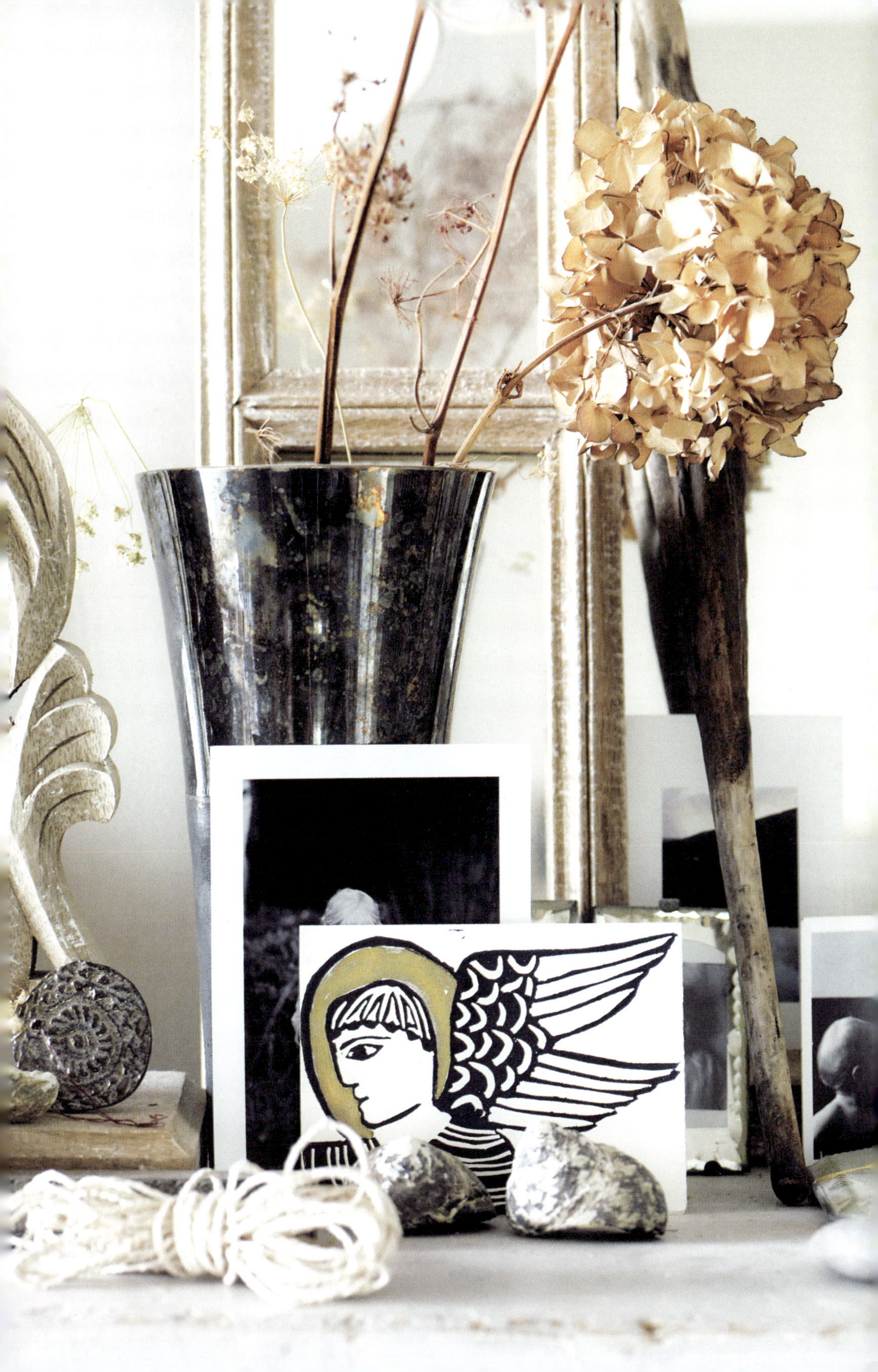

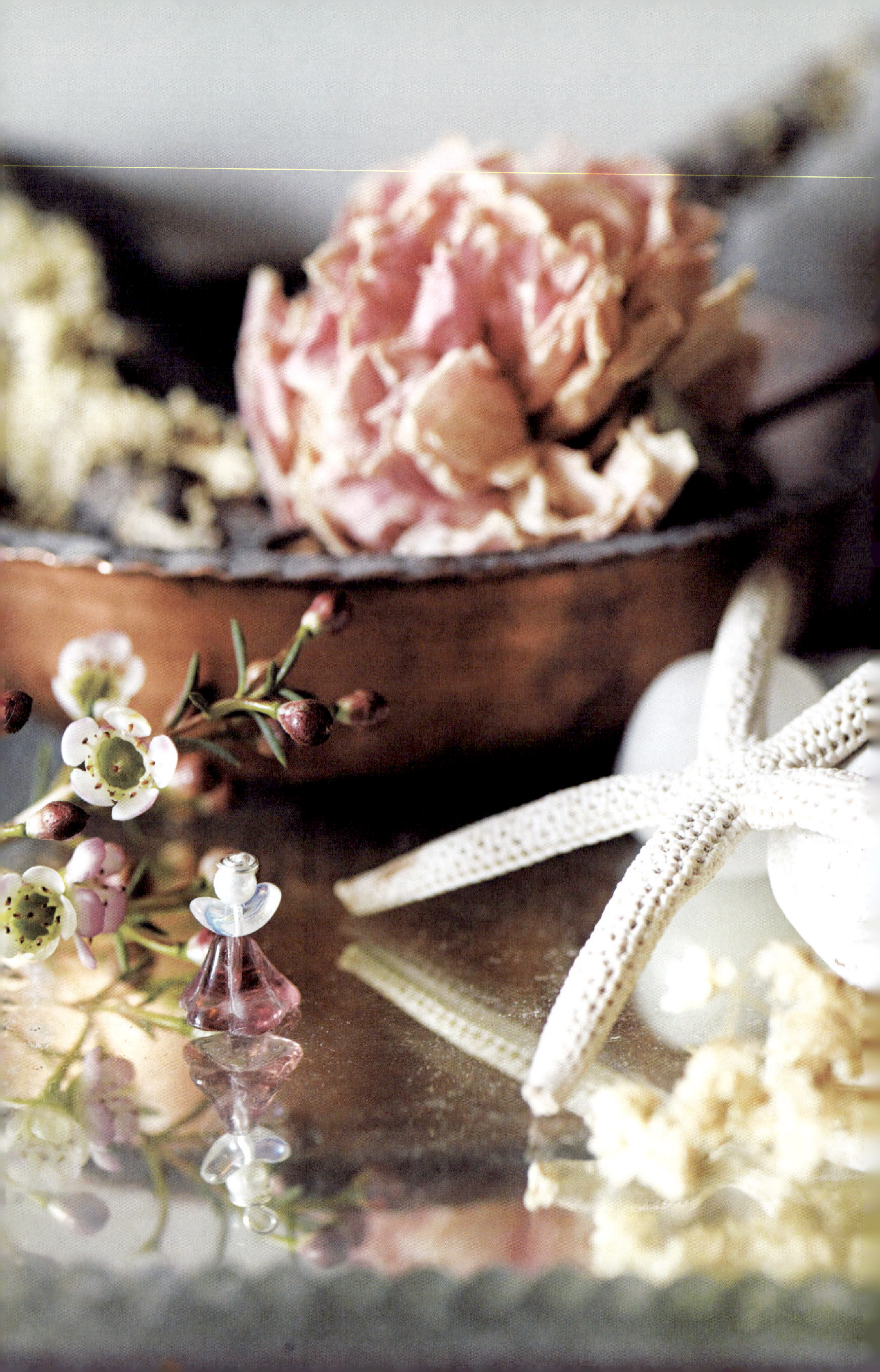

金曜日——今日、私は自分の人生とその業績を祝います。私の人生は多くのすばらしいものからできていますが、今日は特によい部分だけに目を向けます。天使といれば、なんでも楽しむことができます。*人生を祝ってください！*

土曜日——今日、私は人を助けます。進んで親切な行いをすることで、よりよい人間、より満ち足りた人間になります。天使の導きによって、困っている人を助けます。*人助けをしましょう！*

日曜日——今日、私は時間を割いて、自然の贈り物に感謝します。神は私が楽しめるように、美しい空、植物、鳥、魚、動物をお与えになりました。野外に出かけたり、この美しい世界に関する本やテレビ番組で自然のすばらしさを満喫したりします。*自然に感謝しましょう！*

エクササイズ
天使の日のカードをつくる

自分でもメッセージを考え、天使カードのようにバッグやポケットに入れて持ち歩きましょう。

1　メッセージを小さなカードに丁寧に手書きするか、パソコンを利用して印刷してください。

2　カードに装飾したり、ラミネート加工したりして、見栄えをよくしましょう。

3　カードをパソコンや机に貼ったり、その曜日にはつねに持ち歩いたりしましょう。

*私は楽しみと喜びと笑いに
あふれた人生を送る。*

索引

あ

愛　63-75
青色
　青色と天使とのつながり　102
　青色の羽根　58
赤色
　赤色と天使とのつながり　103
　赤色の羽根　58
赤ん坊　158
アクアマリン　182
アスモデル　183, 195
アドヴァキエル　183, 195
アナエル　195
あの世　136-40
あの世の友人　118-20
アファメーション　9, 43-4, 47
　自分を褒めるアファメーション　68-9, 70-1
　天使占いカード　165
　富を生むアファメーション　152
アベンチュリン　147
アムブリエル　183, 195
アメジスト　55, 94, 182
アメリカ先住民　15
アロマテラピーの精油　44-5, 51
イエス　14, 124
医師　133
意識　17, 39, 46
イスラム教　80, 128
痛み　125, 128, 134
　頭痛　126-7, 132-3
　霊的な痛み　127
射手座　183, 192
命の木　128
祈り　17-18, 28
癒しの三角形の瞑想　129-30
色
　色と天使とのつながり　101-3
　キャンドルの色　50
　羽根の色　58
インスピレーションを得る瞑想　95
インセンス　45, 51, 54
インターネット　100, 167
ウィンドベル　38
ヴェルキエル　183, 195
魚座　182, 185
臼井甕男先生　125
歌声　38, 39, 74-5
生まれた月　195
生まれた曜日の天使　181, 194-5
占い　43, 165-79
占いテーブル　169
エネルギー
　エネルギーとしてのお金　147
　気　125
　キャリアのエネルギーを高める　81
　クリスタルのエネルギー　54
エメラルド　183
エンジェライト　55
牡牛座　183, 187
オーラ　99
お金　143-53
置物　81
乙女座　183, 190
オパール　183
牡羊座　182, 185-7
オブシディアン　55, 183
オレンジ色と天使とのつながり　103
音楽　38, 39, 74-5

か

カード
　天使占いカード　43, 165-79
　天使のお守りカード　97
　天使のヒーリングカード　129

索　引

天使の日のカード　201
カーネリアン　183
貝殻　38
香り　51
カシエル　195
蟹座　183, 188-9
神　18, 40, 181
カムビエル　182, 195
看護師　133
感情
　　心の癒し　140
　　人の感情を感じ取る　127
気　125
黄色
　　黄色と天使とのつながり　101
　　黄色の羽根　58
儀式　44, 48-50
　　クリスタル　51
　　天使占いカード　170
　　瞑想　47
キャリア　77-91
キャンドル　44, 50
　　キャンドルの色　50
　　クリスタルの浄化　54
　　天使の庭という聖域　37
キャンドルホルダー　97-9
休息　84-6
キリスト教　80, 128
金色と天使とのつながり　102
銀色と天使とのつながり　101
空気　182-3
偶然の一致　33-5, 155
クオーツ　55, 94, 147
雲　38-9
グリーンカルサイト　147
クリスタル　46
　　クリスタルと効用　55
　　クリスタルと創造性　94-5
　　クリスタルに役割を与える　55-6
　　クリスタルの浄化とエネルギー充電　54
　　クリスタルを選ぶ　51-3

十二宮の天使のクリスタル　182-3
天使の儀式のためのクリスタル　51
富を生むクリスタル　146-7
クリスタルに役割を与える　55-6
クリスタルのエネルギー充電　54
クリスタルの浄化　54
黒色
　　黒色と天使とのつながり　102
　　黒色の羽根　33, 58
煙によるクリスタルの浄化　54
権天使　40
小石　38, 118
幸運の曜日　182-3
声　38
子ども　158-60
コミュニケーション　31-2, 109, 124

さ

財政　143-53
祭壇　44, 48
　　癒しの天使の祭壇　130-2
　　キャリアの祭壇　91
　　富を生む祭壇　143-6
　　友情の祭壇　115
サイン
　　サインを求める　117
　　天使がいるサイン　39
　　羽根　21, 33, 56-7
サキエル　195
蠍座　183, 191-2
座天使　40
サファイア　147, 182
ザマエル　195
サンゴ　183
死　39-40, 74-5
　　あの世からの訪問　138-40
　　あの世の友人　118-20
　　最後のとき　136
　　死を迎える人びと　120-1
視覚化　18-19
仕事　77-91, 148
仕事の天使　80

索 引

獅子座　183,189-90
熾天使　40
シトリン　55, 94, 147
自分自身を批判する　67-8
自分を守る泡の瞑想　64-5
ジャスパー　55
自由意志　27, 196
宗教　13, 15, 80
十二宮の天使　181, 182-94
十二宮の天使の要素　182-3
十分の一税　153
守護天使　13-14, 15, 40,109
主天使　40
植物
　　職場の鉢植えの植物　87
　　天使の庭という聖域　37-8, 100
白色
　　白色と天使とのつながり　101
　　白色の羽根　21,33, 58
死を迎える人　120-1
シンクロニシティー　33
スクラップブック　31, 96
頭痛　126-7,132-3
スマッジ　54
スモーキークオーツ　147
ズリエル　183, 195
聖書　14, 83
聖フランシスコ・サレジオ　13
生命力エネルギー　125
精油　44-5, 51
精霊　158
装飾　44, 48
創造性　93-107
ソーダライト　94, 183
ソウルメイト　71-4

た

タイガーアイ　55, 94
大天使　40-1
大天使アズラエル　50, 103, 136
大天使アリエル　40, 50, 80, 101
大天使ウリエル　41, 80, 101

大天使ガブリエル　14, 41, 80, 102,156, 195,198
大天使ザドキエル　41
大天使サリエル　80, 103
大天使サンダルフォン　41, 101
大天使ジェレミエル　41
大天使ジョフィエル　50, 103
大天使チャミュエル　50, 71, 80,102,150
大天使ハニエル　41, 80, 103
大天使ミカエル　14, 41, 50, 80, 102,133, 150, 195, 198
大天使メタトロン　41, 79, 80, 102
大天使ラギュエル　80, 103
大天使ラジエル　80
大天使ラファエル　41, 50, 80, 102, 125,128-9,195
ダイヤモンド　183
第六感　127, 157-8
魂　136-7, 155
タロットカード　165, 166
チー　125
力　40
地球　183
智天使　40
茶色と天使とのつながり　102
直観　157-8, 165, 172
月のエネルギーによるクリスタル充電　54
翼　57
テレパシー　55-6, 109
天国　137
天使
　　生まれた曜日の天使　194-5
　　十二宮の天使　182-94
　　姿　14, 24-5, 113
　　天使からメッセージを受け取る　121
　　天使とお金　143-53
　　天使とキャリア　77-91
　　天使と創造性　93-107
　　天使とつながる　43-61
　　天使と出会う　13-41, 46-7, 110-12
　　天使とヒーリング　123-41
　　天使と保護　155-63

索引

天使と友情　109-21
天使と占い　165-79
天使に手助けする許可を与える　27-8
天使に助けを求める　28-30
天使の階級　40-1
天使の名前　22
天使の役割　26
日常生活の天使　112-13
日常生活のための天使　181-201
天使占いカード　43, 165-79
天使占いカード、スプレッド　173-6
天使からの毎日のメッセージ　198-201
天使とつながる　43-61
天使と出会う　13-41, 46-7, 110-12
天使に感謝する　127, 150
天使の癒しのブローチ　134
天使のウェブサイト　100
天使ノート　30-1
天使のお守りカード　97
天使の階級　40-1
天使の緊急電話帳　195-7
天使の雲　38-9
天使のコイン　148
天使の日記　100
天使の庭という聖域　37-8, 100
天使の庭という聖域の音　37-8
天使の人形　99
天使のウェブサイト　100
天使のキャンドルホルダー　97
天使のスクラップブック　96
天使の目標達成ポスター　35-6
天使の箱　96-7
天使のヒーリングカード　129
天使の日のカード　201
天使への願いごと袋　96
天使を描く　25
天使を見る　15-17
天秤座　183, 191
トパーズ　94
富を生むアファメーション　152
富を生むクリスタル　146-7
富を生む祭壇　143-6

な

ナグチャンパインセンス　51
虹　74-5
日常生活のための天使　181-201
日記　30-1, 100, 198
日光でクリスタル充電　54
ぬいぐるみ　134
ネガティブな思考　67-9

は

パール　183
灰色の羽根　58
白日夢を見る　39
波動　14, 17, 51
花
　職場に花を活ける　87
　天使の庭という聖域　37-8, 100
　花の香り　51
ハナエル　183, 195
バニラ　50
羽根　21, 33, 46, 56-61
　羽根の意味　56
　羽根の色　58
　羽根の利用法　60
　羽根を見つける　61
　羽根を求める　61
ハマリエル　183, 195
バランス　84-6
バルキエル　182, 195
バルビエル　183, 195
火　182-3
ヒーリング　123-41
ヒスイ　94
病院　133-4
ピンク色
　ピンク色と天使とのつながり　103
　ピンク色の羽根　33, 58
双子座　183, 187-8
プラーナ　125
フランキンセンス　51
ヘマタイト　94

索　引

芳香器　45, 51
訪問　17, 140
補完医療　125
補完医療の安全性　125
保護　155-63
ポジティブな思考　124
微笑み　110
褒め言葉　68

ま
マラカイト　94
マラヒダエル　182, 195
マリア　13
水　182-3
　　天使とのコミュニケーションと水　124
　　天使の庭という聖域の水　37-8
　　水で行うクリスタルの浄化　54
水瓶座　182, 184
緑色
　　緑色と天使とのつながり　102
　　緑色の羽根　58
未来の予測　165-79
無意識　17, 133, 136
ムーンストーン　55
紫色と天使とのつながり　103
ムリエル　183, 195
明晰夢　17
瞑想　17
　　癒しの三角形の瞑想　129-30
　　インスピレーションを得る瞑想　95
　　自分を守る泡の瞑想　64-5
　　守護天使に会う瞑想　18-22, 24-5, 43, 46-7, 110-12
　　セルフヒーリングのための瞑想　141
　　天使の庭という聖域　37-8
　　保護を求める瞑想　162-3
　　誘導瞑想　18-19
　　理想のキャリアを見つける瞑想　81-3
メッセージ　121
　　天使占いカード　165-6, 170
　　天使からの毎日のメッセージ　198-201
メノウ　94

目標　35, 36-7, 198-201
目標達成ポスター　35-6
目標の達成　33-6
問題解決　69

や
山羊座　183, 192
友情　32-3, 109-21
友情の写真　115-17
誘導瞑想　18-19
ユダヤ教　80, 128
夢　14, 17, 18, 140
夢に現れる天使　17-18
予感　157-8

ら
ライラック色と天使とのつながり　103
ラピスラズリ　94
力天使　40
リラックス　20-1, 46-7
臨死体験　17
ルビー　183
レイキ　125
霊的な痛み　127
霊的な癒し　125
霊能者　168, 172
ローズクオーツ　55

206

Acknowledgements

Author's acknowledgements
A big thank you to all my fans around the world. Thank you for your continued support and thank you for all your questions in letters, emails and messages on Twitter and Facebook that helped to create the inspiration behind this book. I hope you enjoy this book as much as I enjoyed creating it for you.

Publisher's acknowledgements
Thank you to the following companies and people for lending us material for the photo shoot.

Angel Silver Jewellery
www.angel-silver-jewellery.com (angel charm bracelets and pendants)
Camel & Yak
www.camelandyak.co.uk (wooden angel wings, photo frames and wire heart frame)
Cocoa Dodo
www.cocoadodo.com (framed paper angel wings)
Cox & Cox
www.coxandcox.co.uk (wooden angel wings)
Emily Coco Christie
(angel drawing)
Emma Ferguson
(various angel treasures)
Fleur Bruneau-Cordell
(angel drawing)
George Bassirian
(angel drawing)
Grace and Favour
(beautiful gifts, jewellery, clothes)
Higher Heart
www.higherheart.com (charms, crystals, figurines, cards)
Ivy Rose Ltd
www.ivy-rose.co.uk (angel pen)
Jaccylee Jewellery and Designs
www.jaccylee-jewellery.co.uk (angel bag charms, angel phone charms and crystal pendant)
Linda Keating
(charm garlands)
MacCulloch and Wallis
www.macculloch-wallis.co.uk (haberdashers, trimmings, feathers)
Moonhelene123
(angel bead charms)
Mysteries
www.mysteries.co.uk (charms, crystals, books, candles, figurines)
Paperchase
www.paperchase.co.uk (journals and cards)
Pedlars
www.pedlars.co.uk (real feather angel wings)
Re-Found Objects
www.re-foundobjects.com (angel wings, hearts, photoframes made from recycled materials)
Rockett St George
www.rockettstgeorge.co.uk (angel wing necklaces and bracelets)
Say It With Angels
www.sayitwithangelswholesale.com (guardian angel box, guardian angel wing frame, angel coins and angel brooches)
Swedish Interior Design
www.swedishinteriordesign.co.uk and www.madeleinelee.co.uk
(handmade angel)
Talking Beads
www.talkingbeads.co.uk (angel bookmarks and angel key rings)
The Fresh Flower Company
www.freshflower.co.uk (flowers)

Picture acknowledgements
All photography © Octopus Publishing Group/Polly Wreford; except for the feather under
the folio © Alexander Potapov/Fotolia

Executive Editor **Sandra Rigby**
Managing Editor **Clare Churly**
Creative Director **Tracy Killick**
Design **Cobalt id and Janis Utton**
Photographer **Polly Wreford**
Stylist **Rose Hammick**
Model **Zuzana at MOT Models**
Production Controller **Linda Parry**

ガイアブックスは
地球の自然環境を守ると同時に
心と身体の自然を保つべく
"ナチュラルライフを提唱していきます。

著　者：**ジャッキー・ニューコム**（Jacky Newcomb）
英国屈指のエンジェルエキスパート。『世にも不思議な天使の話』(講談社)、『天使のまなざし』(主婦の友社)、『エンジェル・ブック』(デジほん)など、ベストセラー本の著者。雑誌の身上相談欄「ディア・エンジェル・レディ」の回答者でもあり、テレビ出演も多い。

翻訳者：**服部 由美**（はっとり　ゆみ）
文芸翻訳家。訳書に、『入門　オーラを見る』『霊的に身を守る法』(いずれも産調出版)などがある。

Angel Secrets
天使の秘密

発　　行　2011年10月10日
発 行 者　平野　陽三
発 行 元　**ガイアブックス**
　　　　　〒169-0074 東京都新宿区北新宿3-14-8
　　　　　TEL.03(3366)1411　FAX.03(3366)3503
　　　　　http://www.gaiajapan.co.jp
発 売 元　産調出版株式会社

Copyright SUNCHOH SHUPPAN INC. JAPAN2011
ISBN978-4-88282-807-5 C0011

落丁本・乱丁本はお取り替えいたします。
本書を許可なく複製することは、かたくお断わりします。
Printed in China